母は不幸しか語らない

母・娘・祖母の共存

信田さよ子

朝日文庫

本書は二〇一七年十二月、小社より『母・娘・祖母が共存するために』として刊行されたものです。文庫化にあたってタイトルを改題しました。

母は不幸しか語らない／目次

母は不幸しか語らない

母・娘・祖母の共存

1　家族愛帝国の難民女性たち――まえがきに代えて

フィンランド・ヘルシンキの灰色の空は、9月初旬というのに少し薄暗く冷気を感じさせた。ヘルシンキ空港のそれほど広くないラウンジで、私は成田行きの便までの待ち時間を知人と過ごしていた。さまざまな言語が飛び交う中で、英米の新聞数紙に目を通そうとした私の目に入ってきたのは、大きな見出しと写真であった。すべての新聞の1面には、シリア難民少年の溺死体をトルコの警察官が抱えている写真が大きく掲載されていた。2015年のこの衝撃的なできごとが、ヨーロッパ諸国の難民問題への取り組み姿勢に大きな影響を与えたことは周知の事実である。

冒頭にこのエピソードをもってきたのは、「難民」という言葉がカウンセリングで出会った多くの女性たちを想起させたからである。国際政治において用いられるこの言葉ほど、家族という枠組みや常識から離れて生きざるをえない人たちを形容するのにぴったりするものはないと思う。彼女たちは現実に国を脱出するわけではなく、表向きは日本社会に適応し、楽しげに生きなければならない。その経験を共有する人たちがいなければ、自らの難民性を表明することもできない。そのような女性には2種類ある。一つは夫婦関係の軸、もう一つは親子関係の軸における難民化である。前者の例をドメスティック・バイオレンス（DV）被害者に見ることができる。

DV被害女性のデラシネ感

2001年のDV防止法施行から16年が経過した現在、夫のDVから逃れて子どもと暮らす女性たちは、保護命令によって一定期間夫の追跡から保護されるようになっている。子どもを抱えて生きていくための道筋もつくられ、シェルター入所から始まるDV被害者支援対策として自立までの支援を受けられるようになった。しかしながら、彼女たちが夫との結婚生活のすべてと妻というポジションを捨てて生きていくことは、それほど容易ではない。経済的困窮はもちろんのこと、もっとも大きいのはDV被害を受けて離婚をしたことは彼女の責任ではないにもかかわらず、女性の生き方としては一種のスティグマ（烙印《らくいん》）をもたらすということである。メディアをとおして日々撒き散らされる結婚生活の幸せ感という幻想は、否応なしに彼女たちがマジョリティから排除されていることを突き付ける。

さらに、結婚生活におけるDVの記憶のフラッシュバックや、もしかしてもっと上手に夫を扱っていればDVを受けることはなかったのではないかという自責や、我慢していっしょにいれば今頃もっと恵まれた生活をしていたのではないかという後悔も周期的に襲ってくる。そこを脱出してもなお残る過去にまつわる感情や思考の膨大な集積は、新しい生活への希望やそれを選んだという誇りによって相殺されるべきものであるが、その脆《もろ》いバランスはしょっちゅう崩《くず》れて本人を苦しめるのである。

DVによる緊張と恐怖に満ちた結婚生活という枠組みから脱する行為を、ドミナント（支配的・常識的）な規範を脱したオルタナティブな選択と言い表すこともできるが、彼女たちによれば「決定的に外れてしまった」という深い感覚はぬぐえないという。結婚制度の外部に立たざるをえない自分、ではどこに根をおろせばいいのかという浮遊感と不安感。そんなデラシネ感は、夫のもとを離れて一定程度の安全を手に入れた後から彼女たちを襲うのである。難民という言葉を彼女たちと共有するたびに、逆説的ではあるが、結婚や夫婦にまつわる一種の神話化した幻想が、この国では崩壊するどころかますます堅固であることを思い知らされるのである。

そんな幻想に満ちた結婚が、両性の合意という対等性と自己選択から始まることは言うまでもない。本来女性にとって自由を保障するはずのそれらが、結婚生活の時間の流れとともに「あの人を選んだのは私」「私の選択が間違っていた」という自己責任に基づく自責感へとつながっていく。DVをめぐる言説は、DV男性への表向きの苛烈な批判と「DVおとこ」という言葉の蔑称化をもたらしたが、殴られるほうにも問題があるとする被害者有責論は相変わらず根強い。何気ない知人らの言葉の端々にひそむその気配は、DV被害女性自身がすでに内面化しているものであり、これもまた彼女たちの深い自責感につながっている。デラシネ感から難民化した彼女たちをさらに苦しめるのが、自分にも責任があったのではないかという出口のない問いなのである。

ブラックホール

いっぽう親子関係は一切子どもに責任のないところから始まる。自分の親や性別、姓名などなど、子どもにはまったく選択する余地がない。どんな家庭に生まれたいか、どんな父や母がいいかなどと問いかけられて誕生するわけではない。劇作家高泉淳子は『メランコリー・ベイビー――遊◎機械/全自動シアター』(工作舎、2000)で、母の胎内から生まれることを拒否する胎児を登場させた舞台を演出して話題になった。

そんな絶対的な関係性の開始を正当化させ、その後の親子関係の展開を美化するためには、「生んでもらった親の恩」「親の愛は何より深い」というイデオロギー装置にも似た無謬《むびゅう》性が必須なのである。

中でも「母」の愛は母性信仰や母性愛神話に包まれて、家族関係の中心的機能を担わされて今日に至る。それがもたらす弊害は数々述べることができるが、子どもに問題が起きると必ず言われる「母親犯人説」もその一つである。育て方が悪い、愛情が足りないといった言い古された批判が現在でも信憑性《しんぴょうせい》をもって語られ、子育て中の女性を脅迫し続けている。多くの精神科医が子どもの問題で受診する母親に対して直接的に、時には暗黙のうちに愛着形成不全であるとして母の子育て責任を問うという姿は今でも珍しくない。

まるで祭り上げられながら総バッシングを受けているかに見える母親であるが、その受難性は母という存在の巨大さの逆説的表現なのである。その大きさは、外部の専門家や夫や親族からのあらゆる批判を受けてもそれを吸い込んでしまう、まるで宇宙の果てにぽっかりとあいた穴（ブラックホール）のようでもある。

ブーメラン現象

批判に晒され続ける母に対して、唯一批判することを禁じられた存在が、彼女が生んだ子どもである。育てられ養育される立場の子どもから母への批判はタブーなのだ。子どもが母に対してNOを突き付けること、母を拒絶すること、母に対して否定的評価を下すことは、すべてが子どもの考え方のゆがみやわがまま、時には甘えに帰せられてしまうのである。

外部の人間や、時には配偶者である夫がどれほどひどく母親を批判しようとも、当の子どもが母を批判することは許されない。どこかにそのような規範が書いてあるわけでもなく、親のことを悪く言うのはタブーであると教育機関によって教え込まれるわけでもない。

そんなことは「ありえない」のである。ありえないからこそ、それを禁止したりタブーにしたりする必要はない。

子どもたちが、ある日親の愛を疑い、親に対して怒り、嫌悪するようになる。ところがいったんそう口にしようものなら、親に向けた批判の矢は迂回して必ず自分に帰ってくるというブーメラン現象を経験することになる。わがままで反抗的な子ども、時には問題児としてラベリングされるのだ。それに抵抗し反抗するためにどのような論理を組み立てたとしても、親擁護の堅固な堤防を崩すことはできない。結果として非論理の極致である暴力に走るしかない子どもたちを多く見てきたが、そのような抵抗は全体から見ればごく少数なのである。

ミッション・インポシブル

大多数の子どもたちは規範やタブーにも気づかず、当たり前のように親の愛を信じ家族や世間に適応して生きていく。軋《きし》みや葛藤、さまざまな不全感を感じたとしても、自分の考え方や性格や人間関係の不器用さの問題であると考え、微かに浮かぶ親への疑念を打ち消しながら生きていくのだ。中には親に対して明確な殺意すら感じながら、それを口にしたり実行したりすれば自分の人生が終わってしまうと考え、墓場までもっていこうと覚悟する子どももいるだろう。

親といっても、父親と母親では温度差がある。相対的弱者である母親の子どもの取り込みは、自らの不幸と呪詛を吹き込むことで、子どもを情緒的ケアの与え手や自らの欲望の代理遂行者などに仕立てることによって実現される。その対象はかつては息子だったのだが、ある時期から娘へとシフトされたのである。

素直で母の期待どおりの娘たちは、母の愛を信じるというよりも、母から与えられた使命を実現しなければならないと考えて生きる。自分しか母を救えないという法外ともいえる使命感はまさにミッション・インポシブルである。時にそれは娘の生きる指針となり、生きるエネルギーを供給することもあっただろう。しかしそのミッションのからくりが、ある瞬間にわかってしまう時がやってくる。必死に支えてきた母親は娘の思いなど理解しておらず、不幸ではあるものの鈍重で鈍感、自己中心的で身勝手であること、「あなたのために」という抵抗不能な前置きで自分を縛ってきたこと、娘よりもはるかに体力では勝っていること……。

これまでの人生を構築していた土台が崩れていくような感覚は、娘にとって大きな混乱と混迷をもたらすのである。

難民という誇り

ある時を境に価値判断が大きく転換することがある。たとえば１９４５年8月15日の敗戦、２０１１年3月11日の東日本大震災に伴って発生した福島の原子力発電所の事故などである。そのような社会的なできごとによって個人の考えにおけるパラダイム転換が起きた場合、それを共有する人々の存在を知ることによって、自分一人ではないことが確認できる。

ところが規範すら存在しないほど「当たり前」とされてきた、家族と同義であるほどに血肉化された母の愛そのものに疑念を抱くことはどれほど深刻なのだろう。口外すれば必ず批判され、責められる。信じていた友人も母親をかばい、その年齢で母親を悪く言うなんて人間性を疑うという目つきをされるのだ。誰からも理解されないと諦めた娘たちはいつのまにか沈黙し、時にはうつ状態に陥った。中には我慢を重ねながらいつのまにか母と同じ姿に変貌していった娘もいただろう。

08年、拙著『母が重くてたまらない　墓守娘の嘆き』（春秋社）を世に問うた。著者である私も驚くほどの反響の大きさは、前述のような女性たちによるものだったのではないだろうか。こんなことを考えるのは自分だけではないか、なんてひどい娘なんだろうと自分を責めながら、それでも一度生じたパラダイム転換をもとに戻すことはできない。本のタイトルは、そのような娘たちに共有されることで「墓守娘」「母重《ははおも》」という自己定義の言葉と化した。それは彼女たちの新たなアイデンティティとなり、言葉を共有する仲間＝同じ苦しみを抱える人たちの存在が可視化されたのである。多くの読者たちはネット上のつながりを生み出し、カウンセリングに訪れる女性たちは現在に至るまで後を絶たない。

難民という命名は外部から与えられると同時に、国を脱出する選択をしたという主体的な自己定義の言葉でもある。多くの娘たちは、家族における親子関係を規定している親の愛・母の愛という無謬の前提を、自らの経験に立脚して再定義したのである。親の側からしか定義が許されなかった母の愛を、娘（子ども）の立場へと定義権を奪還したともいえよう。それは同時に、日本の社会に深く浸透した価値観である母の愛の理想化への異議申し立てであり、極端に言えばこれまでドミナントだった家族観への反逆である。

DV被害者と同様、娘たちはこの国を脱出することはできないが、そこに存在しながら「家族」「母の愛」という価値の帝国の外側で生きるのである。家族の問題をとりあげながら「難民」「難民化」をタイトルにした多くの書籍があるが、娘たちやDV被害者は救済を求めているわけではない。生きていくためにあえて「家族愛帝国」から脱出したのである。それは誇りある選択であり、難民であるという自己定義を共有する仲間たちとのコミュニティの必要性を示しているのだと思う。

団塊世代の女性たち

2008年から現在まで、20代から80代に至る幅広い年齢層の「娘たち」とカウンセリングでお会いしてきたが、その中核群は08年当時40歳前後だった娘たちと団塊世代の母親という組み合わせである。私自身がその母親世代に属することから、彼女たちの語る母の姿から団塊女性がどのように生きてきたのかについてどこか近親憎悪に近い関心を抱いてきた。本書では、これまであまり触れられることのなかった団塊女性について、1970年代から80年代に至る時代背景とともにふり返ってみたい。彼女たちは母としてだけでなく、高齢の母を介護する娘でもある。また近年「毒」という接頭語とともに母を語る風潮が広がっているが、それについても私の考えを述べるつもりだ。

難民は、いつか難民ではなくなることが望ましい。母国に戻る人もいれば新しい国で新しい人生を軌道に乗せる人もいるだろう。では家族愛帝国の難民である娘たちは母親を徹底して捨てることができるのだろうか。永遠に離れることができるのだろうか。DV被害者と加害者の関係性と、それはどこか似ている。DVが理由で離婚した場合でも、個々のケースによっては離婚後も子どもと前夫との面会交流が求められるようになり、完全なる関係遮断は難しくなっているからだ。

長期的視点から見て、家族における「加害・被害」の関係性は一筋縄ではいかないのではないだろうか。少なくともカウンセリングの経験からはそう思う。被害を声高に叫ぶのでもなく、加害者を一方的に断罪するのでもない、そのような境界ぎりぎりの地点を突き詰めていくことが現実には求められている。

祖母と孫という新たなテーマ

来談した女性たちの中には、長年連絡を絶っていた母が転んで寝たきりになり、介護の問題が突き付けられて困っているというケースも多い。１００歳超えの高齢者が7万人になろうとしている時代を迎え、母娘問題は「老いた母との付き合い方」を抜きには語れなくなっている。年老いた母とどのように接するかという問題は、難民と母国との関係に似ており、字義どおり国＝母なのだ。

さらにもう一つは、娘たちが妊娠して母になったとたんに出現する祖母と孫の関係である。カウンセリングにおいても、祖母の来談数は増加している。娘の子育てに懸念を抱き孫のことが心配という祖母や、孫の不登校で来談する祖母などである。そこには孫の母＝娘との関係が深くかかわっていることは言うまでもない。団塊女性がどれほど孫育てに深く関与しているかは、娘世代の仕事の過酷さと表裏一体である。母親の援助なくして、子育てと仕事の両立は難しいという現実は当面変わらないだろう。本書では祖母から孫への3世代を視野に入れている。

母娘関係についてはすでに多くの書籍が出版されているが、本書では娘の被害・母親の病理といった心理的問題に帰結させることを避けて、家族・世代という視点を投入し、さらに団塊女性に象徴される母親たちの抱える困難さにも言及する。どうせ女性だけの問題でしょ、といった反応を避けるために、父親（夫）である男性や、息子と母の関係にも触れている。これまでさまざまな場や多くの書籍をとおして発信してきたが、本書は母娘問題に関する総集編にあたる。多くの人たちにとって、何らかのヒントになることを期待している。

2 「毒母」という言葉を点検する①

消費され尽くさないために

前期高齢者の私だが、昼間はカウンセラーとしてフルに働き、帰宅後は食事をしてほっと一息つく暇もなくパソコンに向かい、溜まった原稿を書くというのがウィークデーの過ごし方である。やれやれと思いながらパソコンを前にすると、文書作成だけに専念することができず、どうしてもネットの世界を気晴らしにさまようことになる。X（Twitter）やYouTubeでいつもどおり時間をつぶし、最後にAmazonをのぞくというささやかな道草なのだが、先日ある言葉を書き込んで書籍検索をしてみた。パソコン画面には想像以上の書籍の数々が表れ、めまいを起こしそうになった。ちなみにその言葉は「毒親」である。

さまざまなバリエーションはあるものの、毒親を含むタイトルを眺めながら私の胸にはやっぱりという思いと、ここまで来てしまったのかという思いとが交錯した。

一部の人たちからは私も毒親という言葉の流布に加担していると思われているようだが、そうではない。

この言葉の誕生と広がりをめぐる一連の流れは、専門家が主導したわけでなく、多くの女性誌とネットを中心とした女性たちの書き込みによって牽引され拡大し、それにテレビなどのメディアが便乗したことで生まれたものである。多くの流行語が今ではネットという言説空間なしでは広がらないのだ。

検索でヒットした書籍の数々を眺めながら私に去来したものは、一つの危惧であった。2008年以降広がった母娘問題への関心と当事者の声の拡大が、ネット空間において増幅し新しい言葉を生み出し、毒母・毒親ブームといわれる事態にまで至ったこと。このような現象をどのようにとらえるのか、その背後に何を見るか、家族をめぐる言説の歴史にどのように位置づけるのか。このような視点を抜きにすれば、おそらく一過性の奇矯な流行として消費され尽くして終わるのではないだろうか。マスコミの波に乗った一部のにわかカウンセラーたちの表層的で断定的な言葉は、セラピーへの投資を生み、その人たちの利潤獲得につながるだろう。こうして散々消費され尽くした末に行きつく先は、毒母なんて甘えた娘たちのたわごとに過ぎない、やっぱり母は大切だ、といったドミナントな言説への回収ではないだろうか。

そんなことで終わらせたくない。その言葉を生み出した系譜をたどり、どれほどそれが家族に対するラジカルな批判を内包しているか、母という存在が孕《はら》む支配性を明らかにしたかを考えねばならない。

それに、母娘問題がここまで世間の注目を集めたとしても、どうせ女性だけの問題だ、男にはよくわからない、というジェンダー意識が底流にあることは否めないだろう。生簀《いけす》の中で魚が跳ねても、外の世界には影響がないようなものだ。いっぽう母娘問題の陰に隠された母・息子の問題が、実はどれほど深刻なものかはあまり知られていない。カウンセリングの場では数多くのそんな男性に出会ってきたが、多くの男性はネット上ですら自分と母との関係を語ることをためらうのである。

母娘というテーマをめぐる歴史

1970年代からの臨床経験に基づいて、母と娘を主題とする日本の言説の流れを次のように4期に分けてとらえることにする。

70年代のウーマンリブから誕生した『いのちの女たちへ――とり乱しウーマン・リブ論』（田中美津、田畑書店、1972　河出文庫、1992　パンドラ、2016）、海外のフェミニストたちによる書籍の翻訳へと続く流れを出発点とし、アディクション（依存症）の臨床から生まれたアダルト・チルドレン（AC）のブーム（1996）と接合する。ACという言葉なくして2008年の母娘問題への注目は生まれなかったと考えている。

第一期　ウーマンリブ・フェミニスト主導、１９７２〜
第二期　アダルト・チルドレン（ＡＣ）ブーム、１９９６〜
第三期　「墓守娘」「母娘本」ブーム、２００８〜
第四期　当事者本（体験記）の大量刊行と毒母・毒親ブーム、２０１２〜

本章ではまず、第三期からどのようにして第四期に至ったかを考察してみたい。第一期と第二期に関しては後で述べる。順序が逆のように思われるかもしれないが、遡及的な記述のほうが却ってつながりが際立つのではと考え、このようにした。

世間の常識とのズレ

さて第三期のメルクマールの一つ『母が重くてたまらない』が出版されたのは２００8年の4月である。雑誌「春秋」（春秋社PR誌）に06年から連載したものをまとめて加筆修正したものだが、連載中数人の知人から「面白いね」という評価を得ていた。きっかけとなったのは、当時30代後半だった女性編集者から母親との関係で苦しんでいる女性たちをテーマに執筆してほしいと依頼されたことだった。

その企画は、当時の私にとって特に新しいものとは思えなかった。「母との関係が苦しい娘」「母からの愛情という名の支配に苦しむ娘や息子」といった存在は、カウンセリングの場では日常的ですらあったので、「今さらそんな当たり前のこと書いてもね～」と返答した記憶がある。編集者はそんな私に食い下がって言った。

「信田さんの常識は世間の非常識ですから」

たしかにそうかもしれない、カウンセラーという仕事は時にスタンダードが少しずれることがある。ハッとさせられた私は、カウンセリングとは無縁に暮らしている人たちにも届くように、これまでの臨床経験から得られた母娘関係についての提言や具体例をわかりやすく書いてみようと決心したのである。

娘を名づけるか、母を名づけるか

開始した連載は、多くの人たちのエピソードの集積を再構成したものである。もちろん臨床心理士としての守秘義務があるため多くは改変しているが、カウンセリングで出会った多くの女性の語った言葉は、私の記憶の貯蔵庫に溢れるほど入っていたのである。

意外と参考になったのが、雑誌の取材などでお会いするキャリアウーマンたちの苦労話であった。彼女たちがさらっと話す母親の描写のあまりのディープさに驚かされ、それに対してまったく疑問を抱いていない様子にさらに驚いてしまった。おそらくカウンセリングには決して訪れないだろうと思われる女性たちの母娘関係は、まるで「世界ふしぎ発見！」のような新鮮さに満ちていた。

連載のタイトルは「墓守娘の嘆き」とした。実家の墓守を引き受けざるをえなくて自らの希望を断念したという女性に何人も会ってきたことが背景になっている。それにハカモリムスメという語感がなんとなく好きだったし、流行語にならないだろうかという密《ひそ》かな野望がなかったといえば嘘になる。しかしもっとも大きな理由は、アダルト・チルドレンという言葉の存在だった。第二期については追って詳述する予定だが、1990年代半ばにACという名づけが多くの親子関係に苦しむ子どもたちの自己定義に役立ったという事実がある。親を支えることを最優先し自分の言葉や世界をもつことのできなかった人たちにとって、自分はACなのであるという名づけ、名前の獲得は、親から離れるために不可欠な契機なのだった。まず娘たちを名づけなければという思いは、このような背景をもっていた。

ところが書籍化する段階で出版社の要望もあり、「墓守娘の嘆き」はサブタイトルに、「母が重くてたまらない」をメインタイトルにした。

墓守娘という名づけと、その嘆きの言葉である「母が重くてたまらない」の合体をタイトルにしたのだが、不思議なことにそれはいつのまにか「重い母」という母への名づけへと変貌していったのである。母が重い→重い母という転換は、感覚に圧倒された受動的存在から、対象を定義する能動的存在への転換を意味する。

このような受動から能動への娘たちの転換は、母に圧倒される存在から母を対象化し、名づけ、定義する存在へという、主体化＝当事者化への過程を表しているように思われる。第四期における毒母という言葉の広がりも、母からの定義を受け入れるだけの存在から、定義する存在へ、つまり定義する主体の奪還として位置づけられるだろう。

第三期の幕開けとしてのシンクロニシティ

『人は見た目が9割』（竹内一郎、新潮新書、2005）という書籍の売れ行きが示しているのは、実は「書籍もタイトルが9割」ということではないだろうか。出版直後から起きたメディアからの反応には、タイトルのインパクトもかかわっていたことは間違いない。当時の私は前述のような、母を定義する主体としての娘といった考察や、その後に毒母などという言葉が誕生するとは想像もしていなかった。当時は「母が重い」と表現するだけで、精一杯だったのだ。タブーの蓋をなんとかこじ開けようとする一言が「母が重い」だったのである。

発売直後から週刊誌に書評が掲載され、新聞でとりあげられたりすることで書店での売れ行きも順調だった。ちょっとホクホクしていた私に、翌5月のある日、NHK出版から一冊の本が届いた。タイトルは『母は娘の人生を支配する――なぜ「母殺し」は難しいのか』（NHKブックス、2008）、著者は精神科医の斎藤環《たまき》さんだった。表紙を見て、反射的にこう考えた、「あれ、私の本を真似したの？」

その3秒後、はっと気づいた。いやいや待てよ、今届いたということはほとんど同じ時期に類似のテーマで執筆していたということじゃないのか、と。もちろんラカン派の精神分析的な知見のちりばめられた彼の本は私のものとは大きく趣を異にしていたが、その偶然の一致に驚いた。それに加えて、同じ4月には佐野洋子さんの『シズコさん』（新潮社、2008　新潮文庫、2010）が出版されており、赤裸々な母親との葛藤が初めて明らかにされた著作として話題になっていた。ほぼ同時期に3冊も母娘の関係をテーマにした本が出版されたことで、大手の書店ではこれらを並べて売るところも現れた。

こうして母娘というテーマは書店を通じて大衆化することになり、臨床心理士、精神科医、そしてエッセイスト（絵本作家）による著書が第三期の幕開けのきっかけをつくったのである。

牽引した娘たち

幕を開けたとしても観客が存在しなければドラマは成立しない。すでに述べたように私に書くように勧めたのはアラフォーの女性編集者だった。斎藤環さんの担当編集者も、同じ世代の女性だったという．とすれば、私と斎藤さんの本の仕掛け人は、ベストセラー

『負け犬の遠吠え』（酒井順子、講談社、2003　講談社文庫、2006）以降負け犬世代と呼ばれた、アラフォーの女性編集者たちだったと言えないだろうか。

2008年の5月以降女性誌で母娘問題を扱った記事が続出したが、取材に訪れる編集者やライターの多くが同世代の女性だった。そしてインタビューしながらだんだん話が彼女たち自身の母娘関係に至り、半分くらいはまるでカウンセリングのような対話で終了するのが常だった。これは現在でもそれほど変わらない風景である。女性誌の場合は、担当編集者に占める女性の割合が多いのでそれほど苦労はないらしいが、テレビ局の場合はそうはいかない。母娘問題をテーマに番組を制作しようとすると、上司である男性にその意味と必要性を説いて納得させるのにかなりのエネルギーを必要とする。そんな戦略をともに練ったテレビ局の女性ディレクターもいた。中には大手の書店で私の本を一生懸命店頭販売してくれた書店員の女性もいた。なぜ彼女たちはそこまでしてこの問題を広げようとしたのだろう。

書籍を企画・編集し、書店で販売し、雑誌やテレビといったメディアでこの問題を扱おうとした女性たちは、母との関係に苦しんでいた当事者だったのである。長年誰にも話せず自分一人で抱えてきた彼女たちにとって、08年の第三期幕開けは待ち望んでいたものだったろう。

自分だけではなかった、世の中には同じような娘たちがたくさんいる、その人たちに向かって母娘問題を発信していこう。自分が楽になったように、同じ娘である多くの女性たちにもヒントを得てもらおう、そしてできれば母たちに自分たちの苦しみをわかってもらいたい……。

彼女たちは、出版社や映像メディアで仕事をするような高学歴のアラフォー世代であった。未婚の女性もいれば、中には既婚で子育て中の女性もいた。このような当事者である娘（女性）たちの牽引によって、母との関係に苦しむ女性たちが少しずつ発言をし始めたのである。ブログやミクシィなどで広がるのにそれほど多くの時間はかからなかった。

東日本大震災と第四期

それから3年弱が過ぎた2011年3月11日、東日本大震災が発生した。福島第一原子力発電所の事故も含めて、今に至るまで収束とは程遠い現実が広がっている。その年の10月に墓守娘本の2冊目として『さよなら、お母さん——墓守娘が決断する時』（春秋社）を上梓《じょうし》した。その本のあとがきで私はこう述べている。「母親との関係、母親とどう付き合っていくかは、東日本大震災後の日本の家族において大きなテーマとなるだろう」。

その翌年の12年、第四期の幕開けともいうべき2冊の本が3月に出版された。『ポイズン・ママ 母・小川真由美との40年戦争』（小川雅代、文藝春秋）、『母がしんどい』（田房永子、KADOKAWA／中経出版）である。いずれも体験記であるが、その後に続く数々の当事者本の中でも出色の作品である。前者はポイズン・ママという英語ではあるが「毒母」という言葉をタイトルとして用いた最初の本であり、後者は絶妙なユーモアを伴う鋭い観察眼で自分の母との関係を描いたコミックである。この2冊によって、第四期が始まった。次章ではさらに、「毒母」という命名のもたらした意味について述べる。

3 「毒母」という言葉を点検する②

震災がもたらした転換

「ママみたいのを毒母っていうんだって」

台所で料理を手伝いながら、中学生の娘が口をとがらせて母親に対して言う。

「へえーっ」といったん驚いたふりをしながら、

「あ、そうですか、はいはい、ママは毒母ですよー、悪かったわね」と言い返す母親。

「もうママったら、知らない！」

これは、カウンセリングに訪れた40代の女性が、娘の言葉に驚いて語ったエピソードである。このように母と娘が笑いながら消費できる言葉として「毒母」は定着した。今から10年前には想像もできなかった光景だし、母親に毒という言葉を冠するなど考えもしなかった。

前章「『毒母』という言葉を点検する①」で母娘問題の流れを4期に分けて述べた。

第四期にあたる毒母・毒親ブームは、数々の当事者本の出版から始まるが、その転換をもたらしたのは東日本大震災という未曽有の惨事であった。では、なぜ東日本大震災が、２０１２年の３月から始まる「当事者本」の出版につながったのだろう。そのためには私自身の経験も含めて当時の状況を述べなければならない。

11年3月11日に起きたあの震災、その後の津波、さらに福島第一原子力発電所の事故。これらのできごとは、あまりにも巨大で、あれから6年が過ぎたが、いまだに収束や復興とは程遠い現実が横たわっている。すべてを総括するためには、今後膨大な時間が必要とされるだろう。あたかもあの戦争が、70年たった今も、語られ方に真っ向から対立する言説がいくつも存在するように。

病院で働く人たちが震災後もそれまでと同じように仕事をしなければならなかったように、3月11日以降、私もカウンセラーとしての仕事を休むわけにはいかなかった。人通りの絶えた原宿の街はがらんとして車も少なく、妙に明るい空が広がっていた。多くの人が放射能の影響を避けるために東京から西へ、南へと避難したが、私にそのような選択肢はなかった。

当時私は『母が重くてたまらない』の続編を執筆中だったが、震災以降まったく書けなくなってしまった。連日テレビから流される被災地の状況に圧倒されてしまったこともあるが、何より大きかったのはあの「空気感」だった。

下方比較の空気

被災地において略奪や暴動が起きなかったことは称賛に値するという海外の報道があった。そのような秩序維持的で互助的な行動と、私が恐れた空気感とは表裏一体であるように思われる。カウンセリングに訪れた、あの戦争を体験しているはずもない40代の女性が「まるで戦争中みたいな雰囲気なんです」と述べたように、JRの駅や街角、居酒屋、スーパーマーケットなどのあらゆるところにその空気は満ちていた。

大声で笑うことも「被災地」のことを思えば許されない、夜10時を過ぎてまで酒を飲んでいるなんてけしからん、といったまなざしが空気の中に充満しているようだった。「自分より不幸な人たち」のことを思えば我慢しなければならない、そうしないのは非国民だと言わんばかりの無言の強制が、電車に乗っている人たちの視線に満ちているような気がした。社会学では、自分より力のある人と比較をすることを上方比較、より不幸で力のない人と比較をすることを下方比較という。前者は、あの人のようになりたいという努力の源泉にもなり、さまざまな向上心を支える比較である。

ところが下方比較は、苦しいとかつらいという自分の主観や感情を、「もっとつらい人がいる」と我慢し否定することにつながる。自らの感覚を否定するのだから、見方によっては実に非人間的であるが、当時の東京にはまぎれもなく下方比較による暗黙の監視と強制が満ちていた。誰かが指示しているわけでもないこの空気感の恐ろしさが、私を弱らせるのだった。

視覚化された絆

どれくらいの期間テレビからCMが消えたのかは覚えていないが、代わって登場したのが民間の広告ネットワークACジャパンの映像だった。親が子と手をつなぐ、階段を上がる高齢者の手助けをする若者……といった何パターンかが被災地の報道の合間に流された。エーシーというしり上がりのメロディとともに、今でもあの映像を思い出すことができる。

この国がどうなってしまうのか、自分たちの住んでいる世界が壊れてしまうのではないか、という不安を鎮静化するためにはどのような映像が有効か。おそらく広告代理店は必死で考えたに違いない。そのために選ばれたのが、高齢者を助け、母と子が手をつなぐ映像なのだった。夫と妻の姿ではなく、富士山や桜の映像でもなく、思いやりと親子の「絆」こそがこの国の危機を防ぐ象徴だと考えられたのである。

私が書こうとしていた続編は、そんな「絆」への挑戦でもあった。中でも称賛されるべき母と娘のそれを問い直す一冊になるはずだった。絆とはもともと家畜をつなぎ留めておく紐のことを指している。だから時には桎梏《しっこく》やくびきにもなりうるはずだ、そう思いつも、社会に瀰漫《びまん》するなんともいえない空気感の中でそう主張することには正直恐ろしいものがあった。そして、執筆を中断しようかとさえ思ったのである。

非常時に露呈するもの

そんな私を叱咤激励してくれたのはやっぱり編集者だった。震災後どれほど多くの娘たちが母と再同居を強いられたり関係を密にせざるをえなくなったか、彼女は熱っぽく説明し、今だからこそ書かなければならないと訴えた。そうか、と目を開かれる思いだった私は、なんとか頑張って『さよなら、お母さん』を一冊にまとめ、2011年の秋に出版に漕ぎつけたのである。

私を支えていたのは、編集者の言葉であり、私の本を読んで力づけられる女性たちがいるはずだという確信だった。そして、東日本大震災のような危機によって家族は大きく変化することはなく、むしろ慣性によって従来の家族礼賛の価値が強化され、その結果これまで伏流していた問題が顕在化するのではないかという漠とした見通しだった。

被災地の報道は、津波で亡くなった夫を偲《しの》ぶ妻や、孫の遺影を抱える祖父といったドラマに満ちていて、どれもが涙を誘うものだったが、いっぽうでそこからはみ出る現実についても次々と情報が入ってきた。宮城県や岩手県のアルコール依存症関連の医療機関従事者やDV被害者支援員が、被災地におけるDVの増加や、ギャンブルやアルコール問題の激化を訴えていたのである。いずれも、前述の私の見通しを裏付けるものだった。

当事者本の出版

前章でふれた『ポイズン・ママ　母・小川真由美との40年戦争』『母がしんどい』の2冊（ともに2012年）は、その後続々と出版されるようになる当事者本の中でも出色である。母がしんどい、ポイズン、というフレーズは、「母が重い」よりずっとダイレクトで感覚的だ。震災の前からの出版企画だったかもしれないが、たぶん震災後に著者も編集サイドもモチベーションを高めて出版に漕ぎつけたのではないだろうか。ではその動因はどこにあったのだろう。

水の確保や電池の不足といった生活物資の不足すら生まれた3月11日後の日々、あらゆる報道が「絆」を礼賛し、家族の大切さを強調した。家族の安全確認や避難グッズが必須だと喧伝される中で、自分にとって家族とは何か、自分を守ってくれる家族はいるのだろうか、絆を確認し合える家族とは、と問い返さない人はいなかっただろう。見ないようにしてきた人たちも、あきらめて蓋をしてきた人たちも、今一度家族の「絆」を問い直すことを強いられたのではなかったか。中でももっとも身近な母との絆を。

自分にはそんな母は存在しないことを再確認させられる人もいただろう、母との絆と聞いただけで拒否感が働く自分に愕然とする人もいただろう。

もしかすると、2008年に出版されて第三期を画した私の本をはじめとする3冊の母娘本が、母親という存在にまつわるパンドラの箱を開けたのかもしれない。そして彼女たちに種を蒔いたのかもしれない。自分の母についての思いを率直に表現してもいいのだというライセンスを得た女性たちの中で、母との関係について書いてみよう、表現してみよう、そうしたい、そうせずにはいられない、という切迫感にまでそれは育ったのかもしれない。

「毒」という言葉

第二期のアダルト・チルドレン（AC）ブームは1996年から始まったが、関連書の多くが売れて、書店にはアダルト・チルドレンコーナーまでできたほどだった。おそらくその流れに乗って、99年に一冊の本が出版された。『毒になる親』（スーザン・フォワード著、玉置悟訳、毎日新聞社　講談社+α文庫、2001）である。原題はToxic Parentsで、直訳すれば『有毒な親たち』だ。当時『シーラという子——虐待されたある少女の物語』（入江真佐子訳、早川書房、1996　早川書房トリイ・ヘイデン文庫、2004）をはじめとする被虐待児を描いたトリイ・ヘイデンの数々の著作も人気を誇っていたが、そのような翻訳本の一冊として出版されたものだ。

アメリカで出版されたのが89年であることを見ても、81年にベストセラーになったA

Cに関する『私は親のようにならない——アルコホリックの子供たち』（原題「It Will Never Happen to Me」、クラウディア・ブラック著、斎藤学監訳、誠信書房、1989）に影響を受けていることは明らかである。『毒になる親』の邦訳が単行本としてよりも、むしろ売れ行きを伸ばしたのは、2001年に講談社＋α文庫からサブタイトル「一生苦しむ子供」をつけて再出版されてからだろう。16年が過ぎた今でも多くの人に読まれ続けていることを見ても明らかだ。

翻訳書という隠れ蓑

奇妙なことに、日本人が書けば抵抗を生む言葉も、欧米の著者が書いたものであればするりと受け入れられてしまうという現象は珍しくない。『日本人とユダヤ人』という大ベストセラーの著者であるイザヤ・ベンダサンが、実は山本七平だったということもあった。

同様に、1999年に『毒になる親』というタイトルで日本人が本を書いていたらいったいどうなっていただろう。ACについては次章で述べるが、この概念が96年以降被った数々のバッシングを考えると、到底日本の出版界においては受け入れられなかったのではないだろうか。スーザン・フォワードというアメリカ人が書いたから、「毒になる親」という過激なタイトルが容認されたのではないか。単行本はそれほど話題にならなかったし、2001年の文庫化以降も、じわじわと売れてはいたものの、表舞台に登場したわけではない。

おそらくそれは「毒」という言葉と親との接続にためらいがあったからだ。翻訳本という隠れ蓑にもかかわらず、やはり堂々と毒親と断言するにはあまりに多くの抵抗が存在したのである。

タブー破り

前述の2冊は、超有名人の母親とコミックの持つ視覚的力を武器にして、自分と母親の関係についてカムアウトすることへのタブーを堂々と破るものだった。前者は表紙に母親の写真を掲載して話題性をねらっているが、知性を感じさせる文章が体験記にありがちな感情過多をぎりぎりのところで防いでいる。後者は、母との関係を洞察する自分へのメタ的視点を忘れない点が、対象化を生みユーモアを伴う鋭い批評眼につながっている。著者である田房がその後も次々とすぐれた著作を出し続けられているのは、たぐいまれなその観察眼によるものだろう。

このタブー破りが生んだものが、母との関係に苦しむ娘であるというカムアウト＝当事者宣言であった。それに続いて作家や医師、女優などによる多くの体験記や小説が母と娘をテーマに出版された。有名タレントによるカムアウトは、それまで母娘問題に関心がなかった女性たちにも知られることになり、さらにネット上でのＳＮＳを通した情報伝達によっても広がっていった。その波は前章で述べた「母が重い」から「重い母」への転換と同じく、母に対する定義権を娘が掌握することの既成事実化につながっていった。

ＡＣというのは自己定義の言葉であるが、毒母とは親＝母を娘（子ども）が定義する言葉なのである。自分のことは自分で定義するという自己定義権ではなく、絶えず親から査定され定義されてきた子ども（娘）が、母を定義するという権力の転換は一種の革命ともいえる。

毒によって「解毒」する

娘たちがいったん母の定義権を獲得したあとは、まるで堤防が決壊したかのように、次々と新しい言葉が誕生していった。毒母、毒親、弱毒、微毒、強毒……さらにはそのような親の娘としての新たな自己定義の言葉も誕生している。毒親もち、搾取子（親からすべてを奪われつづける子）、といったように。どこかキャッチーで明るい言葉に思えてしまうが、そこにはもう翻訳書を隠れ蓑としてこっそり「毒」という言葉をつぶやいていた2000年代初頭の娘たちの姿はない。母が重いと言うことにまつわる罪悪感の暗さもない。

おそらくそれは、母娘問題がある種の市民権を得ていくために必要なプロセスなのだろう。冒頭のシーンのように、ドクハハという単語が定着することで、娘たちが軽々と母親を対象化でき、笑いとともにその重さや苦しさから脱出できるようになったのかもしれない。

しかしながらいっぽうで危惧が残る。毒という言葉がもたらしたものは、母娘関係にまつわる歴史、近代家族、ジェンダー、世代間の確執、息子と母といった膨大な問題系を、一気に単純化し「解毒」することだったのかもしれない。毒母という名づけは、あくまで応急措置に過ぎないことを忘れてはならない。その先に何があるのかを考えなければ、あまりの単純化はむしろ危険ではないかと思う。

ACは「いったん親のせいにする」という免責性を提起したが、これは、親を支えることでつぶれそうな酸欠状態にある子どもたちには不可欠だった。「あなたの責任ではない」と免責されることでやっと呼吸ができるようになった人たちは、そこを出発点に新たな課題に直面することになる。母から娘への革命的な定義権の奪取にもかかわらず、ライトでわかりやすい「毒」や、自立や愛情などといった使い古された言葉で修飾されれば、家族という背景、その歴史性やジェンダー的な視点（「母」という存在や家族への問いかけ）が脱色されてしまうかもしれない。それこそ猛毒なのである。

4　1995年という転換点

二つの言葉の誕生

私が所長をつとめる心理相談機関は2015年12月で設立満20年を迎えた。その歳月の長さは、一人の人間が誕生してから成人するまでに要するのと同じである。それは、アダルト・チルドレン（AC）という言葉が日本で多くの人に知られるようになってからの時間と重なる。母娘問題をめぐる流れを4期に分けたが、今回は第二期を特徴づけるAC概念について詳しく述べることにする。母娘問題の一つの源流がここにあるし、この言葉との出会いがなければ私自身が母娘問題についてここまで考えることもなかっただろう。数あるAC関連書の一つとして『毒になる親』が訳されることもなかっただろうし、第四期を画する「毒親」という言葉も誕生しなかったかもしれない。

1970年代末のアメリカにおいて、アルコール依存症の援助者たちが生み出した言葉がACと共依存である。前者はアルコール依存症である親のもとで育った人たちを指し、後者はアルコール依存症者の配偶者（妻）のことを指していた。ともに客観性に基づく診断名ではなく、依存症者の家族を名づける必要性があって誕生した。

アルコール依存症は、本人よりはるかに家族の苦しみのほうが大きく、援助希求はまず家族から発せられるのが通例である。なぜなら、アディクション（依存症）そのものが一種の自己治療として機能する、つまり苦痛をやわらげるために酒・薬物・ギャンブルなどに依存するので、本人はなかなかそれを手放せず、治療動機は低くなるからである（『人はなぜ依存症になるのか――自己治療としてのアディクション』カンツィアン&アルバニーズ著，松本俊彦訳、星和書店、２０１３）。結果として、援助者はまず最初に周囲で困り果てる家族を対象とすることになる。通常医師は病気の本人を治療対象とするが、依存症は家族を対象としなければならず、結果として医者以外のスタッフ（心理士・ソーシャルワーカー・看護師など）の役割が強化された。このような現場から、家族を名づけるACと共依存の二語が誕生したことは強調されるべきだろう。

いっぽうで、80年に発表されたアメリカ精神医学会によるDSMⅢ（『精神障害の診断と統計マニュアル』第3版）による変化は、操作的診断の広がりと精神科医療におけるプラグマティックな傾向の拡大を生んだ。症状の原因・背景を探求するよりも、今、ここにある症状に基づく横断的で多軸的な診断を重視することは、精神分析的アプローチの退潮につながった。81年からのレーガン政権による新自由主義的な政策も相まって、社会問題への関心の減少と個人の心理を重視する傾向が生まれ、いわゆるポップサイコロジー（大衆心理学）が人々に受け入れられることになった。短絡的でわかりやすい心理学用語の流通と、あらゆる問題を幼少時のトラウマに帰着させる風潮も生まれた。「本当の自分」探しや自分で自分を好きになるといったキャッチフレーズとともに、「社会の心理学化」が顕著となり、その気運に連動して共依存とACという言葉も広がったのである。

日本におけるACブームとその背景

その動きはアメリカで1981年のベストセラー本『私は親のようにならない』を生み出したが、89年には邦訳が出て日本のアディクション関係者にも共有されるようになり、90年代初頭より私もACや共依存のグループカウンセリングを実施するようになった。

ACの定義は「現在の自分の生きづらさが親との関係に起因すると認めた人」である。もともとはAdult Children of Alcoholicsであり、親のアルコール問題がどれほど子どもに影響するかを明らかにする言葉だったが、日本では機能不全家族（Dysfunctional Family）という漠然とした言葉とともに、アルコール問題を離れて広がっていった。そして96年にはいわゆるACブームが起こり、多くの関連本がベストセラーになるという現象が生まれた。

この背景として95年に起きた次の三つのできごとを挙げたい。①阪神・淡路大震災、②地下鉄サリン事件、③非正規雇用者の増加を促した日経連のいわゆる「95年レポート」の発表である。①の阪神・淡路大震災はその被害規模の甚大さはさておき、建物や交通機関、死者の数といった数量化可能な被害に加えて、心的外傷（トラウマ）という心的被害を重要視した初めての災害であった。②はのちにオウム真理教による犯罪と判明したが、その不気味さと不可解さは日本社会に深い不安をもたらした。③は現在まで続く非正規雇用者の増加の出発点として位置づけられる。速水健朗も『1995年』（ちくま新書、2013）でそのことを指摘している。95年に起きた三つのできごとは、日本社会全体に行きわたる深い不確実感とともに、「被害」「被害者」という言葉が共有されることにつながったと思われる。災害・事件・政策によるこのような「被害」への感受性の増大は、家族における「被害」のそれへと連鎖する。まさにACは親からの被害を告発する初めての言葉だったのだから。

読者からの手紙に学ぶ

50歳にして初めて本を出版できたのだが、拙著『「アダルト・チルドレン」完全理解――一人ひとり楽にいこう』（三五館、1996）に対する読者の反応から、ACという言葉がもたらしたものを探ってみよう。

90年代後半は、まだメールよりも手紙という通信手段が優勢だったため、多くの読者からほとんど毎日のように感想の手紙を受け取った。その多くが、書き出したら止まらないという雰囲気の内容で、便箋に10枚以上を書き綴った分厚い封筒の山は、2年間で段ボール2箱にもなったほどだった。もちろんそれぞれ内容は異なるのだが、驚くほど似ている点があった。それを二つにまとめてみる。第一点は、「育てられる側」から発言してもいいとわかったことで楽になったというものである。

「親の期待に沿っていい子として生きてきたことがやっとわかりました。その苦しみを言葉にすることも、もちろん誰かに伝えることもこれまでできませんでした。信頼する人に少しだけ話したのですが、ひどく責められました。ACという言葉を知って初めて『苦しかった』と言ってもいいとわかったんです。聞いてもらえる場所があることも。本当に楽になった、ありがとうございました」

こう締めくくられている手紙の数々である。

育てる側＝親からの意見は育児書を見るまでもなく数多く出版されてきた。しかし子どもの立場からの発言はタブー視されてきたということを、手紙の束を読みながら私は再確認したのである。

第二点は次のようなものである。

「ずっとこんな自分は生きていてはいけないんじゃないか、そう思って生きてきました。母親を救うこともできず、周囲に迷惑な存在でしかない私にとって、どうやってこの世から存在を消すかということだけが希望でした。自分を責める以前に自分のことが許せなかったのです。でも『あなたのせいじゃない』と書いてあるのを読んでなぜか涙が出ました。そうか、そうだったのかと初めて思えました……」

このような内容の手紙も数多く寄せられ、20代から60代まで、それこそ老若男女を問わなかった。第一点は被害者性、第二点は免責性（イノセンス）がそれぞれ承認されたことへの歓迎と感動だったといえる。ACの免責性については、立岩真也が「身体の現代17：免責される／されないこと4」（『みすず』2010年3月号、みすず書房）で述べているが、子どもたちが家族の中で生きるためには選択不能だった（そうするしかなかった）ということがその根拠だと考えている。

この2点はAC概念の中核をなすものであり、読者の多くは敏感にそれを感知し読み取り、私に手紙を書いたのである。

AC批判と自己責任

1996年当初から、ACの広がりと同じくらいの強度で批判的言説は世に溢れていた。代表的なものが「親のせいにする」ことへの不快感の表れであった。「あなたのせいではない」ということは、「親のせいにしている」のではないか。おとなになったら自分の人生は自分で責任をもつべきなのに、親のせいにするなんて、それこそ甘えであり、自立をはばむものだろう……。類似の批判が、学会のシンポジウムから週刊誌の車内中吊り広告の見出しにまで溢れた。今に至るまでAC概念における私の関心は免責性に集約されるといってもいい。母と娘の問題も、毒母という言葉への批判も、つまるところ「親のせいにする」のは責任転嫁であるという批判と、自立＝親のせいにしない＝自己責任という等式によって成り立っている。

この点についてはいくつかの論考も著されている。もともとこの免責性は、子どもは親を選んで生まれてきたわけではない、という芹沢俊介の根源的受動性（『現代〈子ども〉暴力論・増補版』春秋社、１９９７）を参照している。生まれさせられる（be born）という英語表現のように、出生そのものが人間にとって受動的なできごとであり、生まれたことに対する責任のなさが承認されることで、初めて自分の生に対して責任をとれるようになるとされる。ACと自認した人たちはいわば根源的受動性を承認されるどころか、親（中でも母親）が生きるための責任を幼少時から背負わされて成長する。イノセンスが承認されることへの渇望というより、むしろ背負わされた責任の重圧からの解放欲求と呼んだほうがいいのかもしれない。

親の存在というイノセンス重圧

さらに、イノセンスどころか、自らの生が親からの贈与であると信じさせられるのだ。親に生んでもらったうえに、その親から「あなたを生まなければよかった」「あなたを生んだから不幸な目に遭った」「あなたのためにどれほど自分を犠牲にしてきたか」と言われて育つのである。親の論法は至ってシンプルである。辛い思いをして「生んでやった」「育ててやった」のに親を苦しめている、と。このような罪責感を背負わせることで、親の期待に沿ういい子＝親の奴隷化路線は定着する。親の望むとおりに生きなければ自分の存在そのものの価値が生まれないのだ。しかも親は自分が望んでいるとは言わない。世間や常識を主語の代わりに用いることで主語のない世界を構築し、抵抗を封じ、自らの責任も免れるのである。おそらく親たちは、自ら選択して行為していることを表明すると、そこに責任が発生することを直感的に察知しているのだ。親たちばかりではない、日本では主語を発語することで発生する責任を免れるために、どれほど多くの人たちが神経をすり減らしていることだろう。

親になったとたんに、「この子が生まれたから私はこんなに大変だ」と感じる親たちは少なくない。そして、自分より弱者である存在に対して、自らの苦痛や苦悩の責任を押し付けることでイノセンスを獲得するという逆説が生まれる。自分より弱い存在によってはじめて自分が承認されるという構造は、子どもの不適切な利用（abnormal use）

であり虐待（abuse）といえるだろう。そんな親に呼応して、親が背負うべき責任まで子どもが引き受けることになる。それは選択によるものではなく、家族という世界を生きていくにはそれしかないのだ。ACに関する解説書の多くに、親子の役割逆転とわかりやすく表現してあるが、背景には責任をめぐるこのような親の半ば意識的で選択的なイノセンスの獲得がある。

ACに関する本を読むことで、親の存在にしばられ親の視線を内面化してきたこと、それは親からさせられた（受動性）のであり、そうするしかなかった（選択不能性）ことを知り、だから自分のせいじゃない（免責性）と思えるのだ。熟した果実がぽとりと落ちるように、これまでの世界が反転されることをどこかで求めていたからこそ、「あなたのせいじゃない」というワンフレーズによってこの上なく楽になれたのだろう。それは同時に、「親のせいだ」とすることの容認なのである。

証言者としてのAC

育てる側と育てられる側との関係（親子関係）のイメージは、私の頭の中ではいつのまにか統治者と被統治者のそれと重なっていた。もちろんそれは国民主権の近代国家ではなく、被統治者の発言が統制されている国家である。暴力による統制というよりも、カウンセリングで語られる親との関係は、「愛情」という抵抗不能な言葉によって統治され管理されており、その貫徹ぶりは抵抗という言葉すら刈り取られるほどであった。ACという言葉は、被統治者に「抵抗」「抗議」という言葉を与え、その言葉を使用する許可を与え、同じような苦しみをもつ人たちが数多く存在するという事実を知らしめたのである。多くの手紙からそのことを確信したのだった。

ここで注目すべきは、読者からの手紙が書かれた当時、まだ児童虐待防止法やDV防止法は制定されていなかったという事実である。しかし多くの手紙には、目を覆いたくなるような父から母への暴力、自ら受けた虐待の数々が記されていたし、ACと自認した人たちとのカウンセリングで、生々しく凄絶な体験を数多く聞かされてきた。二つの法律制定の背景には、ACという言葉の広がりとそれに伴うネット上での彼ら彼女たちの体験公開が作用していたのではないか、そう思えるのだ。

被統治者の抵抗運動に譬えるならば、過去に例のないそれらの発言は、いわば被抑圧体験や拷問の「証言」に匹敵するのではないだろうか。戦争の惨禍も、被災地の実情も、そこを生き延びた人たちの証言によって初めて明るみに出る。ACの人たちの発言を、当時もそして今も、私は「証言」として聴く。親は自らの行為を忘れたり、時には愛情だと確信しているが、それは親たちの意思というより世間一般の規範にのっとっているだけなのだ。しかし、親の統治者としての地位は日本社会において不動のものであり、強化されこそすれ、これからも揺らぐことはないだろう。

非対称性とポリティカルな関係

証言を盾にして親を責めたとしても、親たちは「そうするしかなかった」「あれは愛情だった」「どれだけ自分が大変だったか」「被害者はむしろ自分のほうだ」と言う。もし虐待で子どもを殺してしまった親が、しつけのつもりだった、愛情だった、そうするしかなかったと言えば、責任転嫁だと批判されるだろう。ACと自認した人たちの主張は、生きているからこそ否定されるのだ。このような親の主張とのへだたりをどのように考えればいいのだろう。

あたかも中立であるかのように、双方が自己正当化していると批判するのは表層的だ。再度根源的受動性という視点を思い出せば、親を選ぶこともできず生まれてきた子どもに対して、自らの被害者性と選択不能性を主張する親のほうに責任があると判断すべきだろう。より選択不能性が高い人たち、そうするしかない状況の切迫度の高い人たち、つまり子どもの免責性のほうを優先するのだ。そこに客観性や中立性という軸を安易に投入すると、両者における非対称性を無視することになる。

２０００年に児童虐待防止法が制定されたが、それから17年が過ぎた今でも、虐待は特殊事例であり、それ以外の親子関係に加害・被害のパラダイムをもちこむことは少ない。まして権力やポリティクスという言葉を親子関係に用いると、反感すら抱かれることになる。ＡＣという言葉が画期的だったのは、１９９０年代半ばにあって、初めて親が子にとって加害者になりうることを示したからである。そして子どものイノセンスを承認することで、親と子の関係における非対称性、親という存在のもつ権力性というポリティクスを明らかにしたのだった。

95年という転換点から始まる第二期においては、いわば非ジェンダー的な親子の権力関係が主題化されたといっていいだろう。娘と息子、父と母という区別はまだそこにはなく、ＡＣの人たちが苦しんでいたのが実は母親との関係であったことは、その後徐々にわかってきたのである。

5　母娘関係をめぐる歴史

二つの震災・二つのムーブメント

前章で述べたように、1995年の阪神・淡路大震災の翌年にはアダルト・チルドレン（AC）ブームが起きた。そして2011年の東日本大震災の翌年には母親を告発するような娘たちによる当事者本の数々が出版され、それらは多くの女性たちの共感とともに「毒親・毒母」ブームへとつながっていった。奇《く》しくもこの22年間で日本を襲った二つの大震災は、ともに「親子の絆」というドミナントな価値の転換を迫るような動きをその翌年に生み出したのである。これは単なる偶然ではないだろう。

11年3月11日以後のテレビ画面からしばらくCMは姿を消し、それに代わって被災地の状況とその中でも必死で生きようとする人たちの姿が流された。涙を禁じえないようなドキュメントは必ず家族の物語を伴っていた。亡くなった人たちの遺影から浮かび上がる家族の記憶はどんな言葉より雄弁に私たちの胸を打った。さらにACジャパンはそれらの映像の合間に高齢者を助ける若者の姿と子どもと手をつなぐ母親の姿を繰り返し流し続けたが、手に手をとる夫婦の光景はそこにはなかった。

深刻な危機に直面すると、社会は暴動から革命に向かうより、むしろ保守化する傾向があるという。外からの力に対抗して従来の状態を維持しようとする傾向を慣性と呼ぶが、社会にも慣性が働き保守化するように、震災後の絆礼賛は家族像において慣性が働いた表れと考えることもできよう。

慣性が働けば、それに抗する人たちへの圧力は増すことになる。家族内で抑圧されていた人たちはこれまでより激しくそれを感じるようになるはずだ。社会の暴動は起きなかったが、慣性によって一層強化された家族の絆によって、絆を桎梏《しっこく》・拘束と感じる人たちからの抵抗（レジスタンス）が生まれることになった。それが二つのムーブメントではなかったのだろうか。決して偶然の産物ではないのだ。

父・息子関係——エディプスコンプレックス

さて第二期と第三期について述べたが、ここでは第一期について述べようと思う。そのために心理学や精神医学において蓄積された親子関係についての考えをいくつか参照することにする。震災後強調されるいっぽうの親子の絆が、それほど美しくも平和でもないことを最初に理論化したのがS・フロイトのエディプスコンプレックスである。これはあくまで息子が対象となっており、娘ではない点がポイントである。

精神分析理論を学ぶ際に必ず出会うこの言葉はジグムント・フロイト（1856－1939）によって提示された概念であり、その基本を成している。ギリシャ悲劇の「オイディプス王」は、古代ギリシャ三大悲劇詩人の一人であるソポクレスが、紀元前427年ごろに書いた戯曲である。主人公オイディプスが知らないままに父を殺害し母と結ばれ、そのことを知ったのち自ら両目を突いて盲目となり、王位を退いて放浪するというあらすじである。フロイトはこれにヒントを得て、男児は最初の異性である母親を欲望し、それが母の夫＝父によって禁止されることで、母と切断されると考えた。息子は父のように強くなりたいと望みながら（同一視）、父は母への近親姦的欲望を禁止する憎しみの対象ともなる。いっぽうで近親姦的欲望を抱く息子にとって、父は自分のペニスを去勢するかもしれないという恐怖の対象ともなる。このような父に対する葛藤を、現実に父を殺害することなく乗り越えること、そして母への欲望を断念することが「自我」の形成のプロセスに不可欠なのであり、これらはすべて現実ではなく無意識の世界において行われるとした。いわばキリスト教的父性原理にも通じるこの概念がフロイトの精神分析理論の中心であり、心的発達理論の根幹をなしている。母は息子にとっての欲望の対象でありながらも、父という存在の陰画として機能するしかない。そして娘はいずれ男の子の親になるべく理論化されていたのである。

フロイトによって創始された精神分析はいまだに大きな影響力をもっているが、西欧の近代的自我や人格を前提としたこの理論に対して、精神科医古澤平作《こざわへいさく》は「阿闍世《あじゃせ》コンプレックス」を創唱した。のちに精神科医小此木啓吾《おこのぎけいご》が多くの著書をとおして広めた概念である。西欧的二項対立的な世界観に基づき、母から切断する父と去勢不安を抱く息子との関係を基礎としたエディプスコンプレックスに対し、阿闍世コンプレックスは仏教経典に題材をとりながら、母性原理に基づいた感情的葛藤である甘えや依存を許し合う二者関係を扱っている。エディプスコンプレックスの体験の克服によって獲得される超自我（理想・良心・倫理観）は、父親から懲罰されるという去勢不安から生まれる罪悪感を根底に持っているが、阿闍世コンプレックスの体験には、エディプスコンプレックスのような罰や恐怖による罪悪感は存在しない。

阿闍世コンプレックスで見られる罪悪感は、「自分が悪いことをした（母親を恨み殺そうとした）のに、相手から許されてしまったことによる申し訳のなさや後悔・謝罪としての罪悪感」であり、その世界は、「悪い行為をした加害者（子ども）を〝罰する〟のではなく、〝許すこと〟によって子どもに自己懲罰的な罪悪感を自発的に抱かせようとする世界」なのである。何より、阿闍世コンプレックスは、母親と子どもの二者関係における「甘え・憎悪・許し・謝罪の複合感情」であり、最初から父親のような社会的存在としての他者は存在していない。同じ罪悪感であっても、父という超自我ゆえの内面化された規範による罪悪感と、許されてしまうことで生じる「申し訳なさ」のそれとは大きく異なるのは言うまでもない。

母・息子関係――マザーコンプレックス

マザーコンプレックスのもともとの意味は母親に対して息子が執着することであるが、エディプスコンプレックスのように学問的に定説があるわけではなく、日本でも1970年代初めには用いられていたようである。ユング心理学の第一人者である河合隼雄《かわいはやお》（1928～2007）は、西欧では結婚によって母親とは切断されるが、日本ではその契機を経ることなく結婚に至るので男性の多くが母親と切れることなく家族を形成していくと述べた。このような母・息子関係をエディプスコンプレックスをもじって批判的に表現した言葉だと考えられる。母親を拒否できない男性に対する女性からの批判と、母親を切断できないふがいなさに対する同性からの批判という二つの側面がある。

男性が母との良好な関係を披歴《ひれき》することは、日本以外ではそれほど否定的にとらえられているわけではない。イタリアなどではむしろ母親思いの表れであり、韓国でも公衆の面前で母親を大切にする姿は賞賛されこそすれ揶揄《やゆ》されることはない。ところが日本では92年のテレビドラマ「ずっとあなたが好きだった」がきっかけになって、登場人物の名前「冬彦さん」を代名詞にすることでマザーコンプレックスのマイナスイメージが固定化した。子どもの自立を促さない母と、母親への依存によって自立できない息子というわかりやすい組み合わせがマザコンと呼ばれ、ダメな男の一つのタイプとして一気に広がったのである。

父・娘関係――エレクトラコンプレックス

自立するためには父親との対峙・乗り越えが必須であるというフロイトの考えは、あくまで息子を対象にしており、娘は視野の外である。精神分析において、ペニスをもたない娘の成長・発達はどう位置づけられるのだろう。フロイトは息子も娘も同じであるとしたが、ユング（1875〜1961）は、同じくギリシャ悲劇において父王アガメムノンを殺した母親クリュタイムネストラに復讐する娘「エレクトラ」になぞらえ、娘の場合をエレクトラコンプレックスと呼んだ。しかしながら、父親に対して独占的欲望を感じ母親に敵意を抱くこの概念は、それほど広く受け入れられたわけではなく、むしろ批判を受けることも多かった。フロイト自身がユングの提唱したこの概念を明確に批判している。

エディプス理論における女性の位置づけは、フロイト以降の精神分析の流れにおいて争点であり続けた。ペニス・エンヴィ（男根羨望）という言葉を最初に目にしたときの衝撃は忘れられないが、女性の精神分析家や文学者たちもそのことを課題にし続けたといえる。サラ・コフマンはヘレネ・ドイッチュやアンナ・フロイトらの著述をたどりながら、精力的に女性論（『女の謎――フロイトの女性論』鈴木晶訳、せりか書房、2000）を著している。

第二波フェミニズムと「母と娘」

1960年代末から欧米で生まれた第二波フェミニズムに影響を受けた女性たちは、女性の自立や母と娘の関係がどこにも位置づけられていないフロイト理論を批判し、女性による女性の自立のための理論構築をしようとした。その点で欠かせないのが、77年にアメリカで出版されたナンシー・フライデーによる『母と娘の関係――「母」の中のわたし、「わたし」の中の母』（河野貴代美・俵萠子訳、講談社、1980）である。原題は「My Mother/My Self : The Daughter's Search for Identity」であるが、出版されるとベストセラーとなった。ウーマンリブやフェミニスト的運動と連動し、女性たちが同性の親である母との関係を、男性の視点を経ることなく初めて描いたものだとされる。母と娘の関係を共生関係＝シンビオーシス（symbiosis）というキー概念で読み解く本書は、共生関係から離れることが自立であるとしている。そして次のように結論づける。

私たちが母親から分離できれば、母親は別の女に見えるようになる。私たちには関係のない女として、一人の人間として、母を見ることができる。いつまでも共生的に結びついていると、私たちは、まだ母親から完全な愛を得られるのではないか、という希望を捨てきれない。もう、私たちは成人している。自分がそんなものを望んでいないのはわかっている。幻想を捨てて、別のところに目を移さなければならない。まるで酔いからさめたような感じ。成熟とはそういうことだ。それこそ真実だ。

娘の立場から母親を同じ女性として理解しようと努めることを推奨し、女性としての身体性や性の問題をからめた記述は、歴史的な試みであったといえよう。性的解放を掲げる当時の状況を色濃く反映しているその内容は、フロイト的な解釈を乗り越えようと試みており、専門書の体裁をとらないぶん多くの女性たちの賛同を得たのである。

もう1冊挙げてみよう。89年にマリアンヌ・ハーシュは『母と娘の物語』（寺沢みづほ訳、紀伊國屋書店、１９９２）において重要な指摘をしている。すでに述べたエレクトラとその母との関係を例にとり、これまでは母は娘のための反面教師であり、自立のためには殺されなければならない存在として描かれてきたが、これは母親殺しと父との結合を意味し、母を否定することで女性が自立するという考えは娘からも自らの声を奪うのではないかとして、次のように述べている。

母と娘の間に起こり得る最大の悲劇は、彼女らがたがいに話し、耳を傾けることができなくなる状況である。しかし、母と娘が同一の体の中に存在するのなら、二つの声で話している同一の人間だとするなら、いったいどうなるのだろうか？

2冊から共通に感じられるのは、母という存在、娘にとっての母を一人の人間として、同じ女性として再発見し、そしてつながっていくことを称揚する姿勢である。男性と結ばれることによって完結する自立という筋道が必然的に孕む母親否定に対して、フェミニズム的視点から同じ女性として異議申し立てをしたという意味は大きい。近代の西欧文学が多く踏襲してきた基本的パターンの否定をも意味するのだから、当時としては勇気の要る主張であったに違いない。フェミニズムが大きな柱とする女性同士の絆＝シスターフッドは、同じ女性同士の母と娘の絆にも通じる。

その後のフェミニズムの展開と、フロイト以降の対象関係論と呼ばれるエディプスコンプレックス概念の乗り越えなどによって、母と娘の関係についてはさまざまに論じられることになる。78年のナンシー・チョドロウによる『母親業の再生産――性差別の心理・社会的基盤』（大塚光子・大内菅子訳、新曜社、1981）などは、出産後の私が当時もっとも影響を受けた著書であった。

2011年12月惜しまれながら逝去した英文学者の竹村和子は、『愛について――アイデンティティと欲望の政治学』（岩波書店、2002）の第三章「あなたを忘れない」において母と娘の関係について精緻に考察を展開している。

母はあるときは娘の恋を監視する探偵になり、あるときは娘を結婚形態のなかに組み入れつつも〈配偶者よりも大切な母〉となることによって、娘自身のセクシュアリティを脱色化しようとする。そして万一、娘が非合法的な異性、あるいは同性を性の対象に選択しようとしたときには、徹底的に母は娘のセクシュアリティを、公認の［ヘテロ］セクシストな言語をつかって否定しようとする。

これらは翻訳本や研究者による考察であるが、日本における相談・臨床現場ではどうだったのだろう。

日本のフェミニストカウンセリング

もっとも参考になるのは1980年にフェミニストカウンセリングを日本に最初に導入した河野貴代美の著書『フェミニスト・カウンセリング』（新水社、1991）だろう。河野は、母娘関係の複雑さについて、心理的二重拘束状態（ダブルバインド）という説明概念を用いて、育児負担の過重と母自身が抑圧されていることを述べている。おそらく80年代から母と娘の関係について、女性の立場から援助していたのはフェミニストカウンセリングだけだったろう。その先駆性は評価されなければならない。リーダーを置かずに行う、コンシャスネス・レイジング（CR）という女性の意識覚醒をめざした平場のグループワークを実施しながら、単なる個人カウンセリングに終わらず、多くの女性たちが集い語れる場としてのフェミニストカウンセリングは広がっていった。

ここで注目したいのは、当時第二波フェミニズムの展開に関心をもち、地域活動や生協運動、ボランティア活動に参加した女性たちの中心となったのは団塊世代であったことだ。彼女たちの多くは出産と同時に仕事を辞めざるをえなかった経験をもち、子育てをしながら専業主婦とは何かと考え、女性差別を身をもって体験したことからフェミニズムに関心をもったのだ。視点を第三期に移すと、2008年の拙著『母が重くてたまらない』を歓迎し、積極的に広報してくれたのは、当時アラフォー世代とくくられたマスメディアの世界で仕事をする女性たちだった。テレビ局や出版社で多忙な日々を送る彼女たちが、口々に母との関係がどれほど大変かを語るのだった。その母親にあたる女性たちの多くは、70年代に青春期を過ごした団塊の世代である。08年に始まる第三期は、アラフォーでキャリアウーマンの娘と団塊世代の母という母娘の組み合わせが起動力となっていたのである。

いうなれば、日本で最初にフェミニズムの洗礼を受けた女性たちの生んだ娘たちが、08年に歓迎したのが「母が重い」と感じることを承認する本だったことになる。その流れは途絶えるどころかネットやSNSをとおして広がり続け、東日本大震災を経て「毒母・毒親」という言葉の拡散につながり、裾野はさらに拡大しているのだ。このような現象をどのようにとらえればいいのだろう。

6　母娘問題の中核となった女性たち

取材に来た女性たち

母と娘をめぐる言説の流れを第一期から第四期に分けて述べてきた。前章における「日本で最初にフェミニズムの洗礼を受けた世代の女性たちが生んだ娘たち」が第三期にあたる母娘問題の原動力となったことをどのようにとらえればいいのだろうか、という問題提起について述べることにする。

第一期と第三期を隔てる時間は、約30年から40年である。母たちの世代は、のちに述べるように団塊世代として人口構成上もっとも数の多い世代であり、いつの時代も何かと話題を提供してきた。しかしながら主として団塊とくくられるのは男性であり、女性の側はもっぱら「夫の稼ぎで甘い汁を吸う」といういささか悪意ある形容句とともに、消費行動の主体としてのみ扱われてきた。娘のほうは、イチゴ世代とか団塊ジュニアと名づけられ、１９８５年制定の男女雇用機会均等法後に仕事に就くことになった。この母娘の組み合わせを、団塊世代の母とその娘としてとらえることで、それぞれの生きた時代が浮かび上がるのではないかと思う。

第三期は、２００８年の拙著『母が重くてたまらない』と斎藤環『母は娘の人生を支配する』、佐野洋子『シズコさん』の出版を契機としている。その後の展開は著者である私の予想を超えたことはすでに述べた。あれから10年経って改めて振り返ってみれば、3冊があれほど注目されたのは、これは私のことだと考えた、メディアで働く多くの女性たちの広報・宣伝といった情報発信に負うところが大きかったのではないだろうか。

出版直後から、書評や雑誌の特集で取材を申し込んできたのはほとんど女性だった。訪れた彼女たちは、30代半ばから40代までのキャリア女性で、私への取材のかたわらいつのまにか自分と母との関係を語り出し、時には止まらなくなるのだった。取材半分自分の語り半分というのはまだいいほうで、取材時間のほとんどを母との関係を語ることに費やす人も珍しくなかった。そうしてまとめられた記事がほぼ私の本の引用だったとしても、不思議に腹も立たなかったのである。

彼女たちは最初からそのつもりで取材に訪れたわけではないだろう。もちろん私からの逆質問も影響しているだろうが、そもそもの取材動機が「母との関係が苦しい私だが、同じような女性がたくさんいるに違いない、ぜひともこのテーマをとりあげたい」という熱意から出ており、実は私も……というカムアウトが最初なのか、途中なのかの違いだけだった。仕事と自分の経験が濃厚につながっているという取材パターンは、母娘のテーマに関しては現在に至るまでそれほど変わらない。取材者が男性の場合、まれに自分と母との関係を語る人もいることを付け加えておこう。

存在しなかったカテゴリー

「毒母」「毒親」という言葉が広がることで、今でこそ母娘問題は雑誌やテレビ、ネット上では珍しくないが、2008年当時はまだ未踏の分野だったので、さまざまな媒体で母親との関係に苦しむ娘たちをテーマにすることは、それほど容易ではなかった。当時からずっと男性主導である映像メディアの世界で、母と娘をテーマにしようとしたとき、一番の障壁は上司の男性であった。企画を目にした彼らの反応は共通していて、話し合う以前にそもそも理解不能だとされた。

それまでの親子関係と言えば引きこもりやニートという子どもの側の問題であり、親の側の問題は虐待ぐらいだった。介護の問題がクローズアップされたとしても、それはあくまで高齢になってからの特殊な問題だと考えられていた。つまり映像メディア的に見て、「母と娘」というカテゴリーは存在しなかったのである。「なぜ娘なのに母との関係が大変なの?」「女同士なのにわかり合えないの?」「結婚して子どもを産めば母の気持ちがわかるんじゃないの?」などなど、上司が彼女たちに投げかける疑問も、ほぼ定型化していた。

そんな状況下で、男性上司を説得するために彼女たちが払った涙ぐましいまでの努力を忘れてはならない。どう説明すればいいかと困り果てる彼女たちに、知恵をしぼって助言をしたこともあった。彼女たちをささえたのは、私や斎藤環さんなどの本であり、それを読んだ数多くの女性の存在だったはずだ。自分だけがこう感じている、こんなことを考えるのは自分だけに違いないと一人で抱え込んでいた女性たちに、書籍化によって「声を上げてもいい」という承認が与えられ、まだ見ぬ読者たちという潜在的な仲間の存在が力になったのである。

アラフォー世代である娘たち

そもそも私の本を企画した女性編集者は、メディアで働く女性たちと同じ世代だったのだ。とすると、第三期を牽引したのは実は私たち専門家ではなく、母との関係に苦しんできた女性たちだったといえよう。彼女たちは、高学歴で、母親の望むような知的な職業に就き、未婚・既婚にかかわらず男性に伍して働き続けていたのである。

2003年には、当時37歳だった酒井順子の『負け犬の遠吠え』というエッセイ集が引き金となり、「負け犬」という言葉が流行語になった。仕事に追われて生きてきた女性たちがふと気づくと、結婚もせず彼氏もいない。そんな状況を半ば自嘲的に、負け犬と自称したのだ。流行語によくある一人歩きによって、仕事ばかりしている女性たちをからかう言葉として広がっていったのだが、内容をよく読めば女性に対するエールに満ちていることがよくわかる。

おそらく負け犬という言葉が布石となり、5年後の08年には「アラフォー」が流行語となった。30代半ば過ぎ、40代前半までを指すこの言葉は、まさに1970年代前半に誕生した女性たちを対象にするものであり、第三期の担い手である彼女たちはアラフォー世代と自称していた。そして同時に団塊ジュニア世代とも呼ばれたのである。

カウンセラーとしての位置取り

1990年代から、アダルト・チルドレン（AC）のカウンセリングを実施しているときには、自分が団塊世代の一員であると自覚することは少なかった。

ACブームが起きた96年当時、私はちょうど50歳だった。これまでずっとカウンセリングをしながら自分の家族や年齢を対比的に考えないときはなかったが、正直自分の「世代」が問われるという感覚を抱いたことはなかった。

ACのカウンセリングにおいて、私は常に「親から被害を受けた人たち」の立場に立つという位置取り（ポジショナリティ）を心がけてきた。絶えず弱者の側、被害を受けた側に立つことを基本とし、それを中立性や客観性より重要視してきた。家族関係における暴力（DVや虐待など）を積極的に扱う心理相談機関はまだまれだったため、そんなポジショナリティを理解してくれる同業者は少なかった。しかし多くの人たちは暴力という問題に困り果てていた。カウンセリングの場で被害者・加害者という言葉を使うことも一般的ではなかったが、あえて自らの立ち位置を明確にするカウンセリングを提供して今日に至る。

そんな私が、苦しむ娘たちの母親と年齢が重なるようになったことは大きな転機だった。批判される対象である母の立ち位置に自分を置かずに済んできたそれまでのお気楽さが、問い直される気がしたのである。

被害者の立場に身を置くことを心掛けている私にとって、母親のほうがずっと身近に感じられるという事態は混乱をもたらした。批判の刃を向けたものの、「返す刀で自分を切る」ような気持ちに襲われ、同時になんともいえない口惜《くや》しさで机を叩きたくなったのである。

同世代の女性たちの肩をゆさぶりたい

カウンセリングを通じておぼえる違和感は、私にとって同時に突破口をもたらすものだった。なぜだろう、どうしてなのか、と考えるたびに、新しいパラダイムが中空から降ってくるような気がした。この「身を切られる」思いと猛烈な口惜しさを言葉にしてみる。

「あなたたち、どうしてこうなっちゃったの、自分の人生を投げ捨てて、娘の人生を生きようなんて、おかしくない？」

こう叫んで彼女たちの肩をゆさぶってやりたかった。

戦後の混乱期にこの世に生を受け、日本国憲法誕生とともに成長し、民主主義の理念を心より信じて学校教育を受けてきた。彼女たちはその後どのような人生を送ったのだろう。結婚して娘を出産し、彼女たちなりに一生懸命子育てをしたに違いない。その娘たちは、知的で感性豊かに成長し、一定程度の社会的なステータスを得たからこそ、こうして社会的に活躍できているのだ。にもかかわらず、娘たちにとって母親がこのように重く、支配的で、息詰まるような存在として感じられていること。これをいったいどう考えればいいのだろう。同じ時代の空気を吸って生きてきたと思うからこそ、彼女たちを信じたかった。しかし娘たちをとおして描写される母親＝同世代の女性たちの姿はそんな信頼を裏切るものばかりだった。

私はひたすら腹立たしく、口惜しかった。

勝手な期待だったのかもしれないし、勝手な連帯感だったのかもしれない。それでも私の気持ちは収まらなかった。ずっと戦ってきた相手にやすやすと降伏してしまった彼女たちへの憤りだったのかもしれない。その相手とはいったい誰なのか、何なのか、はっきりと言葉にはできなかった。しかし、私も含めた同世代の女性たちについて、「団塊世代の女性たち」としてまとめる必要があると思ったのである。

講座開設

どのような社会的動きも、最初に声を上げた先進的・先端的存在から、さざ波のように波及していくものである。これまで述べてきたように、アラフォーの団塊ジュニア世代の娘たちと、団塊世代の母たちという組み合わせから母娘問題が始まったのだから、その中核は彼女たちであると断定してかまわないだろう。

母娘問題が一過性の流行なのか、ずっと昔からあったのかという論議にあまり意味があるとは思えない。むしろ歴史的社会的背景を探りながら、極力個人化を避け、母親の言動を病理化する「自己愛母」といった言葉を排除することによって、母親たちの姿や娘たちの苦しみは立体的に見えてくるだろう。そうしなければ解決の方向性も見えてこないはずだ。

これは第三期が始まる2008年から現在に至るまで、私の考え方の基本になっている。加えて、違和感や口惜しさがそこに合体することで、カウンセラーの立場から同世代の女性について、今一度自分なりにとらえ直してみようと思った。私にとって、それは新しい突破口に思われた。

幸運にも、13年の10月から14年1月まで、朝日カルチャーセンター新宿教室において「『団塊女性』を問い直す――母・妻・娘、そして女として」という全6回の講座を開設することができた。毎回40人近い聴講者を迎え、レジュメを作成し、宿題を出し、次回に回収した。4回をレクチャー形式で、作家の川上未映子さん、批評家の大塚英志さんをゲストに迎えて2回のトークセッションを行った。参加者の80％は女性であったが、毎回ほとんど欠席者もなかった。

ではそこで私が語ったことを順次まとめながら、問題意識がどのように展開したかを述べていこう。

娘革命？

第1回は「なぜこのテーマを設定するに至ったか――世代論と団塊という言葉をめぐって」というタイトルである。その際配布した資料の文章は、いささか生硬で勇み足っぽいがその分わかりやすくなっている。要約は次のとおりだ。

なぜこれまでこのテーマをあつかってこなかったのだろうか。それは「世代論」に対して私が抱いていた嫌悪感によるものだ。無味乾燥な数的統計とグラフか、それとも恣意的な著者の主観によって客観性を装った批判か、そのいずれかでしかなかった。

世代とは、歴史的視点の流れに位置づけられて初めて意味をもつはずであるのに、近現代史に対する意見の錯綜、無関心がはびこる中で、団塊世代だけを独立して扱うことの危険性と不当さを感じていた。

私の中で団塊世代という漠然としたイメージはあったが、そこに自分を入れていいのか迷う以前に、同世代の男性に対する言葉にならない「思い」があったため、あえて語ることを避けてきた。

「団塊世代」について語ることは、60年代半ばから72年のあさま山荘事件に至るあの「政治闘争」「政治の季節」について語ることと同義であったため、あまりに大きな課題として私自身も避けてきた。にもかかわらずこのテーマに取り組もうと思った動機とは何か。

ＡＣ（アダルト・チルドレン）の系譜から派生した墓守娘という問題系に取り組みながら、「アラフォー」という女性をターゲットにしたひとくくりの世代を想定せざるを得なくなった。拙著にいち早く反応した女性たちがいわゆる団塊ジュニアだったからだ。今では「毒母ブーム」と命名されるほどになった動きは、２００８年から深く静かに広範な多くの女性たちに共有されつつある。それを市民革命ならぬ「娘革命」と呼びたい。フランスでは貴族（ブルボン王朝）が打倒されたが、日本のこの革命は母親からの解放を試みている。

貴族から権力を奪取するためには、貴族の成り立ちや弱点を知悉《ちしつ》しなければならない。

敵を知ることなくして解放はありえないからだ。ACのグループカウンセリングの目的のひとつが、母から解放され母を乗り越えるための、「母親研究」である。娘たちの研究対象は、奇《く》しくも私がその一員である「団塊女性」なのであった。

すでに述べた私自身の忌避してきたテーマが、思いもかけないかたちで浮上したのだが、一種の近親憎悪とともに、そして私も含まれる母親世代の女性たちのプライドを守るためにも、このテーマに取り組まなければならないと思っている。

１９４６年生まれの私は47～49年生まれを団塊世代とする厳密な定義から外れてしまうが、それは見逃してもらいたい。いささか大風呂敷を広げた第１回だったが、宿題は次の３点だった。①あなたから見た「団塊世代」の男性にはどんな特徴があると思いますか、その根拠（具体的）も含めて少なくとも２点挙げてください。②彼らと共存するためにどのような工夫をしてきましたか。具体的に何点も挙げてください。③団塊世代の男性からあなたはどのように影響を受けてきましたか。もしくはまったく受けませんでしたか。

7 団塊世代の男性たち

講座アンケート項目

前章で述べたように、いささか冒険的な試みに思えた朝日カルチャーセンターの講座だったが、女性参加者の宿題提出率は高かった。以下にその回答を抜粋する。具体的に述べるように指示したせいか、団塊世代の男性と回答者との関係が浮かび上がる内容になっている。妻、娘、仕事の部下や同世代の友人など、わかる範囲でその関係性を記した。プライバシーに関するものや重複するものは省き、できる限り参加者の生の表現が伝わるようにした。

●問I：あなたから見た「団塊世代」の男性にはどんな特徴があると思いますか、
　その根拠（具体的）も含めて少なくとも2点挙げてください。

ポスト団塊世代の女性↓ 戦後の民主主義教育の影響で男女平等や平和主義の考えが根

底にある。そのため自由や平和を求めて既存の権力に集団で反抗する世代。欧州やアメリカのファッション、音楽、芸術をまね、享受し、広めた世代（私は団塊世代より10年後に生まれたので、身近には団塊世代の男性はいないが、TVで見た全共闘運動の知識や、デモ隊に加わる男性の長髪、ヘルメットの風貌や、外国のポップス、フォークグループをまねる男性の姿からそう思いました）。

娘↓ 精神論で物事を片づけたがる（例　風邪をひいたときなど、気合が足りない、精神がたるんでいる！　などと言って非難したりする）。好き嫌いがはっきりしている（例　特に人に対する好き嫌いが激しい、自分の生き方・考え方に賛同する人はものすごくかわいがったりする一方、少しでも考え方が違うと排除しようとする。論を憎んで人を憎まずということはできないのかもしれない）。信心深い（例　小学生のときなぜか般若心経を覚えさせられ、夏休みに写経させられた）。群れるのが好き（例　集団での飲み会が好き。長っ尻）。

妻↓ 自分の人生が主で、家族は従。結婚の際、自らは苗字を変えないのが当然で、妻は家を守るのが優先、余力がある場合、外で働くのがよい、と考える。正月など親戚が集まる場面では、女性が準備片づけをするのが当然、と考える。

部下の女性↓ 自分に自信があり失敗を恐れない（終身雇用制度に守られている）。男は仕事、女は家庭という気持ちが強い（性別役割分業が進んだため）。競争意識が強い（ライバルが多い、第一次ベビーブーム期のため)。

妻↓ 社会的にはある種のリベラルさ。市民社会・地域社会の中で民主的な新しい社会のシステム・インフラづくりに取り組んだ人も少なくなかったと思う。個人・家庭人としてはけっこう保守的(ニューファミリー等と呼ばれ友達夫婦ではあるようだが、実態は、前世代とあまり変わらない性別役割分業にのっとった家族・夫婦のありようだ)。

部下の女性↓ 自信家が多い、自分たちが高度経済成長を支えてきたという自負がある。素敵だなと思える人とそうでない人に分かれている。

妻↓ 学生運動の中にいたか、あるいは世の中が騒然としている中にいた。戦後民主主義教育を一番まともに受けた世代(これは男女に関係なく、そういう教育を自分も含め受けました。「男女平等」という意識を一応学んだ世代。頭でそれをわかっていても実行できているかは別問題の人が多い。家事育児は一応手伝うが)。

不明↓ 横のつながり、連帯感は強い(全共闘運動などの影響か)。でも多くの学生は就職前には自民党称賛に転向し、社会に合わせて生きてきた。働き盛りがバブル期と合致し、会社人間で家庭はあくまで妻の役割として、自分は外の人間である。また社会に合わせてそれなりに努力しておけば、佳《よ》き人生が実現できると思っているし、そのようにできた世代でもある。

娘↓ とにかく仕事が優先で家庭のことは妻にまかせっきり(自分の家もそうだったし、

同級生の親もそうだったと思う)。自分の考えが常識と思っている、固定観念が強くそこから抜け出せない(浪人したとき「女のくせに浪人なんて」と父親にも同世代の教師にも言われた)。

同世代の女性↓ 正式な、本気・勝負の場に女性が存在している意識なし(同窓会等集まりの幹事は「男女共同参画であるべき」と言う。その心は、男はリーダー・企画・交渉・挨拶役、女は雑用・集金係の役割分担だから)。/数年間の海外転勤等の短い外国生活の経験のみで、自らを「国際派」と名乗る。その国の言葉をしゃべらず、いつもしかめっ面。たまに女性に軽いジョークをとばすことをもって自分が「進んだ、国際派の、知性派のジェントルマン」である証拠とする。/仕事ではコミュニケーション障害。言葉のやりとりを面倒がる(「いちいち聞くな」「言われなくてもわかっている」)。会話能力は低いが、説教するときは多弁(均質で同調圧力の高いムラ社会のルール、「言葉」というものを信じない)。

部下の女性↓ 体制を変えるまでに至らなかったことを嘆いているまま年齢を重ねてしまった感じがする(大きくなった企業はその上の世代が戦後興したものが多く、団塊世代がつくり出したものはファッションや文化的なものに限られているイメージがある)。ロマンティストor女性への甘えが目に付く(「男ってしょうもない生き物なんだよ」「世の中に認められない僕をなぐさめて」的な台詞《せりふ》・表現を多く耳にした)。

部下の女性↓　闘争に強い。会社の労組の権利獲得には貪欲であった。女性には親切。私の職場が労働団体であったせいと思うが、子どもをもつ女性が働き続けるために育児休業などの取得に力を尽くしてくれた。

妻↓　過去についても現在についても「そんな俺を認めろ」というつまらないオーラが全開。／自分以外を批判・否定することが趣味（特に男性に対して）。妻がいても女性にもてたいと思っている（あるいはずっと独身でいる）。「アート」にコンプレックスがある。

同世代の女性↓　自信がある（戦後の日本を担ってきたという自負）。老いを認めたくない、まだまだ若いと思っている（そのため地域の老人クラブは存続の危機にあるらしい）。

娘↓　自分が常に正しくて偉いと思っている（それは違うかもと言うと、女のくせに、子どものくせに年上に意見するとは生意気だ！　何様のつもりだと怒りだす）。／見栄っ張りで知り合いにええかっこしいをする。自分の買った物（絵、車、家など）の自慢を、値段や手に入れた苦労話によってする。妻を部下のようにこき使うことを男の甲斐性《かいしょう》だと思っている。

妻↓　ワーカホリック（有休はとらない、子どもの学校の行事等では決して仕事は休まない）、何事も仕事が第一優先。感情を表さない、家庭のことを相談しても理詰めで返される。

以上問Ⅰの回答を列記したが、回答者が本講座に関心をもつ層の女性たちという限定つきであるが、団塊世代の男性が読んだらどう感じるだろう。当事者としてこれらを受け止めるのか、それとも一方的で感情的だと批判するのだろうか。次に問Ⅱ、Ⅲの回答を一部抜粋しよう。

●問Ⅱ：彼らと共存するためにどのような工夫をしてきましたか？

具体的に何点も挙げてください。

妻↓個人の思想をもっているように見え、実は世の中に合わせているか乗っかっているところがあるので、さからわないようにしている。「働かざる者食うべからず」というところがあるので、それに乗れない人の弱さや屈託を教えるようにしている。

妻↓結婚前はサークルとかではまったくの男女平等感覚でいたので、男も女も関係なく、思っていることを意見として主張していた。これはどの男性とも。が、結婚して、初めの15年くらいは同じだったが、そのうちに昔の男と変わらない部分も見えてきて（頑固、譲らない）、どんなに言っても怒るだけなのでスルーするようにしてきた。また、外では良い人、家ではＤＶに近いようなときもあるので、同じようにスルーするか、相手が怒らないどうでもいい話題（例→TV）でずっと生活してきた。

娘→固定観念が強いうえに自分の価値観を押し付けてくる。反論しても考えは変わらないので次第にあきらめて争うことをやめた。さからわないことにした。プライドを傷つけないようにし、ほめたり、尊敬しているように見せる。このようなやり方は本当は好きではないが、責めたりすると機嫌が悪くなるので、共存するためにはこちら側が我慢するしかないという結論になった。

妻→職場では女性は完全に無視されるので「透明人間」になってその場をしのぐ。そして彼らをほめて、おだてる→たなごころ→もっと働いてもらう、としてきた。

妻→平日は仕事のことしか頭にないので、休日に家庭のことを相談する。子育てに夫の協力はあてにできないので、同じ主婦仲間（ママ友、生協の友人）で助け合った。自分だけの趣味をもつようにした。

娘→共存するための工夫をすることができなかった。ただ彼らの言動を肯定し、ほめたたえるだけで、彼らは満足しているように見えた。

娘→機嫌が悪くなると物事が進まないので、言われたことは即対応。口答えは禁止なので、笑顔でそうですか、そうなんですね、と答える。

●問Ⅲ：団塊世代の男性からあなたはどのように影響を受けてきましたか。

もしくはまったく受けませんでしたか。
問Ⅲに関して、肯定的影響としては、「政治闘争や運動への団体参加と個人の距離の取り方、真面目さとかたくなさの境界線を学んだ」「学生時代のサークル活動をとおして、議論や対論が男女平等に行われるということを学んだ」といったことが述べられた。
否定的影響としては、
妻↓「男は外に出れば7人の敵と戦い、女はうちで子を生み、育て、家を守るもの」と教えられたので、花嫁修業をしながら三高狙いをした。結婚後は「亭主元気で留守がいい」、三食昼寝付きの永久就職。亭主不在の家庭で、母（＝妻）と子が異常接近。
ポスト団塊世代の女性↓ 私は三無主義と言われた世代。中高では「君たちの先輩は自主的であった」と言われ、社会に出ると、この世代がすぐ頭の上にいっぱいいて、多勢に無勢とあきらめていた。しかし信頼でき頼れる兄貴たちでもあった。
同女性↓ 会社・組織を動かす年代になっても既得権益を手放さず、女性の社会進出には否定的だった。男女平等を実践してくれるのではと期待していたが、不利益を被ったと感じている。
同女性↓ ああいうふうにならないようにしよう（1000人に一人くらい内省的でロジカルで冷静な人もいます。そちらは見習いたいと思います）。
娘↓ 反面教師にし、自分はこうならないと決めた。

娘↓「自由に好きなように生きなさい」と言いながらも、マジョリティな人生を歩むことが幸福だと思い込んでいる。社会の大きな流れに乗って生きてきた彼らは、自分で物事を主体的に考えてこなかった。彼らと同じようには生きたくないと思っているので、その点において、良い影響を受けている。私は徹底的に考えて生きようと決心できた。

ステレオタイプな像

改めて宿題の回答をまとめてみると、そこから浮かび上がってくるものがある。家族において夫であり父である彼らがどのように受け止められていたか、職場の上司、10年近く年上の世代として彼らがどのように受け止められていたかが、具体的に見えてくる。家族や職場で団塊世代の男性と実際にかかわってきた女性たちの言葉からは、多様性を欠いた、実にステレオタイプな姿が浮かび上がっているのである。もちろんそこから演繹的に団塊世代の男性すべてを論じることはできないが。

さて、これらの回答から私が感じたことを二つにまとめてみる。

夢破れた妻たちの姿

妻である女性たちの言葉からは、戦後民主主義教育の理想を信じて、男女平等の関係を夫婦関係にも実現可能だと思っていたのに、仕事中心で家事・育児に無関心な夫の姿に傷つき夢破れていくプロセスがうかがえる。もちろん結婚とは、当初の幻想が潰《つい》えていく歳月のことを指すものでもあるが、それ以前の世代と比べると、高らかな理想を掲げた教育を受けた点で大きく異なるのではないだろうか。彼ら彼女たちは、1950年代の日教組と文部省との対立図式が明確な時代に義務教育を受けた。のちに原武史が『滝山コミューン一九七四』(講談社　2007、講談社文庫　2010)で描いたような班活動などの集団主義教育を理想化するような側面もあったが、それは日本国憲法及び民主主義に基づきつつ、社会主義的集団主義理論に影響された教育実践でもあった。とかく人数が多いことから、逞《たくま》しく競争に強いと見られがちだが、団塊世代が小学校で受けた民主主義教育が、あの力強さを形成した一因とは考えられないだろうか。

しかし、妻たちの最大の問題は、理念としての男女平等が、夫婦関係において脆《もろ》くも裏切られていったことだった。それは徐々に進行し、彼女たちは年月とともにあきらめ、「スルー」し、無難な会話に徹して共存するスキルを磨いた。しかし、いくらスキルで乗り切ったとしても、裏切られ夢破れたという現実に変わりはない。人生早期に植え付けられた理念が、結婚生活における夫との関係で見事なまでに裏切られてしまったこと。気づいたときにはやり直しがきかなくなっているという取り返しのつかなさが、団塊女性たちの母としてのエネルギーの源泉につながっているのではないだろうか。それは成長した娘との関係に大きな影を落とすことになるのである。

娘たちの怒り

昨今の娘たちは母との関係に苦しんでいると短絡的に解釈されがちだが、回答から伝わってくるのは、娘たちから父親への深い絶望と怒り、そして長年格闘した結果あきらめて近づかないようにする姿である。父のように生きることだけはしないという決心がついた、その点で「いい影響だった」とまで言い切るのである。

「毒母」という言葉には葛藤やアンビバレンス（併存不能性）が含まれる。罪悪感と拒否感、遠ざかりたいと思いながら母がかわいそうになるという感情。並び立たないからこそ苦しい感覚が娘たちを苦しめ、弱らせるのだ。

それに比べると、父親に対してはそのようなアンビバレンスがない。おそらく不在だった父は、葛藤を生むほどの存在感をもたない。ともに過ごした時間の短さは、愛着を育むには圧倒的に不足しているのだ。だから、父親への反発はストレートで、わかりやすい。結果的に娘たちは父親を見限りあきらめることができる。

もう一つは、性別役割分業を強いて母を不平等に扱う父への怒りである。それは母と同じ性である娘を、差別の対象としてのジェンダーとして扱うことを意味し、間接的に侮辱するからである。娘は母親のことをかわいそうと思い、母と同盟を組み、家族に関心を注がない父親のことをいっしょになって批判し排除しようとしただろう。母から父への愚痴を聞かされ続けたかもしれない。それが先述のアンビバレンスにつながるのであるが。

母と娘の問題がクローズアップされることで、父が免罪されると思ったら大間違いである。これらの回答が示すものは、母娘問題の背後にあって、決して当事者とならず、傍観者的位置取りを試みる父親たちの存在こそ、問われなければならないということである。

8 団塊世代がつくった家族

子どもの問題と両親の夫婦関係

堺屋太一の小説のタイトルに由来する団塊世代は、1947～49年生まれを指す。1年早く生まれた私はちょっとサバを読んで「はい、私は団塊です」などと自称してきた。そんな弁明から始めたのは、世代論でくくられることでこれまでの人生を語りやすくなることをお伝えしたかったからだ。少なくとも本書では世代論抜きには語れないと思っている。

さて、私たちのカウンセリングセンター（以下センターと略）では15年来、月1回の父親のグループカウンセリング（MG、メンズグループの略）を実施している。もともとはアダルト・チルドレン（AC）の男性たちを対象として90年代末にスタートしたものだが、いつのまにか父親たちを対象としたカウンセリングへと変化した。MGをとおして、父親である男性たちをリアルに知ることができるようになった。

参加者の90%は息子や娘の暴力、引きこもり、摂食障害などの問題で困っている父親である。多くの読者は、自分からカウンセリングに訪れる父親がそんなに多いのかと思われるかもしれないが、ほとんどはまず妻（母親）たちがカウンセリングに来談しており、カウンセラーの後押しで夫にカウンセリングを勧めた結果、やっとの思いで彼らが来談したという経過をたどる。

子どもの問題は妻の育て方の問題、自分はここまでずっと仕事に熱心だったのだから子育てにかかわる時間はなくて当然だ、といった考え方は、大なり小なり彼らに共通している。その結果子どもに問題が起きたとしても、その傍観者的立場は変わらず、内心では「母親のくせに子育て一つ満足にできないなんて」「妻が過保護だったからだ」「俺の母親を見てみろ、貧しい中を立派に子育てしたじゃないか」といった妻に対する批判・非難を行っている。

そんな夫の姿勢に対して妻たちは、腹立たしい↓夫を責める↓満足のいく反応がない。時に逆ギレされる↓夫の協力は一切期待しない、という経過をたどり、すべてを自分だけで解決しなければと思い定める。しかし、現実にそれは不可能であり、母たちの不発の怒りは、息子や娘への過度な世話、支配へとつながっていく。結果的に生じるのは、母と娘（息子）との互いを責めたり傷つけ合ったりしながらも、このうえなく緊密で密着した関係なのである。

このように父親が子どもにかかわろうとしないこと、忙殺され孤立する妻（母親）を支えようとしないことが、回り回って母と子どもとの密着度を高め、問題を長引かせる一つの要因になっている。このことは繰り返し述べてきたし、多くの専門家が指摘する点であるが、センターではていねいな段階を踏んで夫の来談をうながす。夫へのアプローチ、どうやってカウンセリングへ導入するかの詳しいプロセスは拙著『父親再生』（NTT出版、2010）に書いたので参考にしてほしい。

多くの母親たちはすでに述べたように、夫への期待を捨てているので、夫の協力を求めることへのハードルは、本人（息子・娘）をカウンセリングに導入するよりはるかに高いと考えている。なんでそんなめんどうなことを今さらやらなければならないのか、という母親たちのうんざりした表情は何度も見てきた。このような夫婦関係が子どもにとってよい影響を与えるはずがないことは、父親も母親も知っているはずだ。にもかかわらず見くびっているとしか思えないのは、両親の関係性（中でもDVの問題）が子どもに与える深い影響に対する知識の不足によるものだろう。

月1回のグループカウンセリング

では、本章でもっとも重要なポイント、彼らがどのような父親だった（である）かについて、グループカウンセリングを実施している立場から述べることにしよう。1回2

時間（日曜午後実施）のグループカウンセリングだが、参加者の8割がたが50代以上、団塊世代は約半数を占める。平均参加者数は約8人だから、丸くなって座るとけっこう大きな輪になる。1周目は1か月間に起きたことについて、全員が発表する。最初に驚いたのが、彼らの語り口調であった。まるで会議の報告そのものなのである。緊張しているせいかと思ったが、現在に至るまでほぼ全員が毎回その口調で語るので、今では、彼らはそれ以外の語り口を知らないのだと考えるようになった。「えー」という場違いに会答弁みたいな前置きと息継ぎの掛け声、「特記事項はございません」というあの国思える言葉づかい、感情をまじえず観察日記を読み上げるような語り口……最初私は心底びっくりしてしまった。

今から思えば、彼らにとってグループカウンセリングの場をどう位置づけていいのかわからなかったのかもしれない。プライベートな場でもなく、オフィシャルでもない。彼らには、その二分された世界以外は存在しなかったのだろう。だから会議の報告調で語るしかなかったのだと思えば納得がいく。

語り口に感情言語がない

もう1点、語り口の特徴は「感情言語の不在」である。別途母親のグループカウンセリングを毎週実施しているので、いきおいどうしても妻たちと比べてしまうからなのか、彼らが一切感情を表す言葉を使用しないことに、最初は違和感をおぼえた。中でもマイナスの感情を表す「困ってしまう、いやだった、疲れた……」といった表現は皆無である。娘の暴力に日夜脅かされていたり、5年にわたる引きこもりの息子と一度も顔を合わせていない彼らなのに、口から出てくるのは、有効な対策、原因究明、展望が不透明などといった言葉ばかりなのだ。

おそらく彼らは、自分語りもできないのだろう。子どものことを感情言語を用いて表現できないのに、自分のことを語れるとは思えない。ACのグループカウンセリング男性版を実施しているときに、何人かに生育歴を発表してもらったことがあった。ある男性は生年月日、出身地、出身校、会社名、結婚年齢、子どもの数だけを述べて「以上終わりです」と言った。その際の衝撃も忘れられない。女性のACのグループでは、時に生育歴が長くなり過ぎたり、涙で話せないことも珍しくないのに、まるで履歴書を読み上げるように、生育歴を語る彼の姿は忘れられない。あたかも潤滑油が切れたロボットのような印象だった。

「1968」

2010年までに、1968年をテーマにした本が何冊も出版された。ざっと数えても10冊以上にのぼる。また08年には連合赤軍を描いた映画（『実録・連合赤軍　あさま山荘への道程』（若松孝二監督）も公開された。私はこの映画を2回も見た。後味が悪いことはじゅうぶん予想されたが、見なければならないといった妙な感覚に襲われたからである。

68年10月21日、国際反戦デーとして多くの学生たちが各地で激しいデモを行った。新宿駅は騒乱状態となり、線路の敷石は投石に使われたために、しばらく撤去されてしまった。そんな動きに対して、史上初の騒乱罪が適用されたのである。

このときの映像が、映画『実録・連合赤軍　あさま山荘への道程』の冒頭部分に流されている。まだ映画本編が始まっていないのに、スクリーンには記録映像が延々と流されている。ヘルメットをかぶり、長い棒をもち、タオルで顔を隠した学生がいっせいに投石する姿が画面から押し寄せてくる。「インターナショナル」や「国際学連の歌」がまるでテーマソングのように大音響で流され、もう気分はあのころにもどったかのような状況設定なのだ。それも監督の演出の一つなのだろう。映画館からわずか徒歩1分の新宿通りで、40年前に実際に起きたことなのだ。新宿駅の線路に降りて投石を繰り返す学生たちの当時の映像を、還暦を過ぎた私たちが映画館のシートに座って眺めている。日本はこの40年間に何が変わり、何が変わらずあるのだろうと思った。

宙づりの経験

映画の内容と同じくらい、映画館の異様な雰囲気は今でも忘れられない。ロビーには、遠方からこの映画を見るためだけに上京したことがあきらかな中高年の男性たちが、旅行鞄を傍らに置き黙々と立ったままおにぎりをほおばっていた。ほぼ同世代の彼らからは、懐古とか思い出という言葉とは無縁の切迫感が伝わってきたのである。観客たちの年齢層は、うしろから眺めることでよくわかる。客席は見渡す限り後頭部に毛髪のない男性ばかりで埋め尽くされていたのである。

第二次世界大戦敗戦を起点とすれば、40年後は1985年にあたる。軍隊の同期会では皆で軍歌をうたうこともあっただろう。ところが同じ40年後であっても、映画館にやってきた彼らはお互いに口をきくこともなく、まして「インターナショナル」を歌うわけでもない。重苦しい雰囲気の中で、彼らにとっての68年は、笑いとばすこともできず、真剣に総括することもできないような宙づりになった経験なのかもしれないと思う。2012年、惜しくも交通事故で急逝した若松孝二監督ならどう説明したのだろう。

政治の季節

テレビ中継で全国に流された東大安田講堂陥落は、1969年だった。東大の卒業式も行われず、入試も中止され、学生運動の一部はそのころから過激さを増していくことで、72年のあさま山荘事件に行きつく。68年前後の大学の状況について述べてきたのは、団塊の世代にとっての青春はこのような政治闘争を抜きに語ることができないからだ。

団塊世代で大学生になれたのは15%に満たず、女性に至っては四年制の大学進学率は5%を切っていた。それだけ学生たちはエリートだったわけで、中でも国立大学は大学のピラミッド構造のトップを構成していた。そのぶん、自らに対する選良であることへの罪悪感も強く、裏返せば日本を背負うという社会意識も強かった。また、マルクス主義に代表される左翼思想が学生にとっての当たり前の一般教養であった。笑い話みたいだが、メーリングリストをMLと略すが、ときどき私はこれをマルクスレーニンと読んでしまうのである。ポスト団塊から下の世代にすればへぇーという感じかもしれないが、団塊世代とは革命という希望を一度でも信じたことのある世代といえる。

その後陰惨なリンチ殺人、内ゲバ殺人が頻発し、世界同時革命を唱える赤軍派によるハイジャック事件などが次々と起きたいっぽうで、一部の団塊世代の人たちは政治から身を退けて、自然農法の牧場や農業コミューン、自然食の食堂経営などに向かった。しかし、多くは仕事や結婚へとなだれ込んでいき、ニューファミリーと呼ばれる核家族を形成したのである。

企業戦士へ

冒頭の父親たちに視点を戻そう。彼らの多くは大企業の社員や公務員で、一定程度の経済力をもっている。定年を目前に控えたり、一部は定年後を生きたりしているが、大学生活を終えてから何十年と仕事をしながら、仕事の言語、仕事の原則だけで生きていた。わずか4年間ほどの学生生活と言ってしまえばそれまでだが、自己投企の激しさと理想の高さに裏打ちされた経験の強度は比類ないものだったはずだ。

彼らの中で連続性を問うことはないのだろうか。あの時代を生きて、その後批判対象であった資本主義の本丸である企業でしゃにむに働いてきたこと。そのつながりをどのように言葉にするのだろう。たぶん彼らはその連続性が言語化できないのではないだろうか。意地悪く見れば、学生運動のあの形式だけのアジ演説を繰り返したのちに、今度は企業に入って感情などという不確定要素をかなぐり捨てて、日本企業の先兵として仕事に没頭する。そして満額の退職金を得て高額な年金とともに老後の生活を送る。その何が問題なのか、と思っているのかもしれない。

しかし現実はそれほど甘くはない。彼らが後方基地のように扱い、人として関心を払うこともなく、経済的支柱であることですべてを正当化できた家族から逆襲を試みられているのだ。すっかり妻に任せっきりだった娘や息子たちが引きこもる、30代というのに「親のせいだ」と責める、時には妻（母親）に暴力をふるい、父である自分を無視する。妻からは、あなたにとって家族とは何なのか、一度たりとも私や子どもに関心を払ったことはなかった、と責められる。開き直ろうとしても、定年退職後の彼らに新しく生きる場所などない。彼らは初めて家族に向き合わざるを得なくなるのだ。グループカウンセリングに参加している父親たちは、子どもの問題は多様だが、背景はほぼ共通している。

語れない、語らない

センターでは、ACである女性のグループカウンセリングを20年以上続けているが、多くの参加者は最初は母について何も話せない。語ろうとしても涙だけで言葉が出てこないのだ。父親たちとのこの差はなんだろう。会議報告や履歴書の読み上げ口調だったりする彼らの語りがなぜつくられたのかを推測してみる。

なし崩し的に企業で働きながら、1989年から始まる社会主義国家の崩壊を目の当たりにして、すでに述べた連続性のなさがより一層明らかになる。それも加わって、彼らは自分を語ることをどこかで禁じたのではないだろうか。その語らなさが、終身雇用と年功序列に裏打ちされた企業家族主義の世界で、私生活を犠牲にしてまで仕事をするスタイルと合致したのだ。仕事・会社を家族より優先するこの価値観は、いっぽうで日常生活における自分の感情を軽視することにつながるはずだ。ある父親は「感情のような不確定要素など、仕事にはまったく入る余地がないんですよ」と説明したが、私生活＝家族こそ感情を無視しては成立しない世界だろう。こうして彼らは、感情（中でもマイナスのそれ）をないものとしてきた。たちが悪いことに、時に家族が思いどおりにならないと、まるでコップの水が溢れるかのように怒りが噴出する。非言語的な怒りは暴力・暴言というかたちで表れて、妻や子どもたちを恐怖に陥れるのだ。

自分を語る

彼らのことを、心の中で「言葉を忘れたカナリアおやじ」とか「言語不自由者」などと揶揄《やゆ》したこともあったが、カウンセラーという立場は批判だけで終わることはできない。現実的な対応を考えなければならないのだ。彼らの老後にとっても、現在の家族にとっても、もっと自分語りを促進できないだろうか。

保阪正康『戦場体験者　沈黙の記録』（筑摩書房、２０１５）を読むと、言葉にならないが今話しておかなければという切迫感をもった聞き書きに溢れている。私と岐阜高校で同級生だった加納明弘が、ガンが発見され余命宣告されてから急きょ息子と対談した一冊『お前の１９６０年代を、死ぬ前にしゃべっとけ！　肺がんで死にかけている団塊元東大全共闘頑固親父を団塊ジュニア・ハゲタカファンド勤務の息子がとことん聞き倒す！』（ポット出版、２０１０）も一種の聞き書きである。岸政彦『断片的なものの社会学』（朝日出版社、２０１５）も、すぐれた聞き手によって、埋もれかけていた語りが生まれ記録されることを示している。これらを読んで、ふと彼らにも聞き書きができないものだろうかと思った。

新しいロボットが次々開発されているが、まるで人間の感情を読み取るかのような声や動作を見ると、父親たちの語りは時にロボットより不自由にも思える。グループカウンセリングは、第一義的には子どもや妻への対応を提案することが目的だ。父親の自分語りなど、彼らをグループに送り込んだ妻や、ほぼ絶望している子どもたちにとって迷惑そのものかもしれない。でも、司会する私の運営しだいでは、プチ自分語りの入り口くらいの発言が促せるかもしれないと思う。

グループで次回までに「妻をねぎらう」ことを宿題にしたことがある。「これまで本当に大変だったね、と言葉にして伝えてみてください」と説明しておいたのだが、彼らの多くは言葉にして伝えることなく、せっせと食器洗いに精を出したという笑えない逸話もある。見方によっては、彼らなりの一生懸命さの表れかもしれない。

前章でも述べたが、妻や娘たちから見た団塊世代の男性像は、負のモデルだったり、裏切られ感と失望の対象だったりした。しかしこのような背景を探ってみれば、同じ時代を生きた団塊世代の一員として彼らへの仲間意識も湧いてくる。そして、もし彼ら自身がそのような作業に取り組むのであれば、妻や娘との関係に変化が生じるのではないだろうか。そのようなわずかな期待を噛みしめている。

9　団塊女性たちの挫折感

団塊男性の本音

先日手に取ったのが『シニア左翼とは何か――反安保法制・反原発運動で出現』（小林哲夫、朝日新書、２０１６）である。団塊世代の男性（時には女性）たちが、50年近い時を経て再び国会議事堂前に集結し、孫世代の若者たちの抗議活動や演説に声援を送る姿が丹念に描かれ、70年代から変節や転向をせずにひそかに政治活動を続けている人たちの姿も知ることができた。テレビ報道を目にするたびに、髪の薄い男性や白髪まじりの女性の姿があまりに多いことに驚いていたが、本書を読んで納得した。

前章で述べたメンズグループ（ＭＧ）の参加者である父親たちは、官庁や企業の中枢で無事定年まで勤め上げたものの、子どもの問題が生じたためにカウンセリングに訪れている。ライフコースとしては、シニア左翼とくくられる人たちよりも彼らのほうが多数派であるに違いないが、それでも毎日のように国会前を訪れる男性たちもいるという多様性に触れて、どこかホッとした思いを抱いたのである。

ＭＧ参加者である彼らの本音は、子どもの問題の責任は子育てを任せた妻にある、自分はここまで真面目に仕事を続けてきたじゃないか、というものだ。10年若かったら仕事が忙しいからカウンセリングに行く時間はないと断れるのに、定年を迎えた今ではそうはいかない、だからしかたなく参加しているのだ、と。彼らにもひそかな計算があるだろう。会社という世界を失った現在、家族という着地点を大切にしなければ老後の生活の安寧は失われてしまうのだから。

しかし彼らが家族という世界にソフトランディングするのは、それほど容易ではない。同じ屋根の下で、同じ空気を吸いながらも、あまりにも違う世界を生きてきたのである。自分の娘が母親との関係に疲れ果て、時には会うことも拒否したくなるほど疲弊しているなどと誰が想像できるだろうか。本書のテーマである母娘問題について、最後まで理解できない人は、実は父親たちなのである。

家族は収容所か

団塊世代の男性たちが卒業後そろって企業に勤めるようになった傍らで、団塊世代の女性たちの多くは結婚へとなだれ込んでいった。当時の強固な常識が大きく影響していたからだ。結婚適齢期という言葉が生きていた当時は、クリスマスケーキに譬《たと》えられて、遅くとも女性は24歳までに結婚しなければ「行き遅れ」と言われた。25歳ではもう遅過ぎたのである。もう一つ、四年制大学を卒業しても就職口はほとんどなかったという現実がある。民間企業への就職は狭き門であり、公務員や教師になる以外の道はないに等しかった。私の大学時代の友人で民間企業に就職できた人は数えるほどしかない。

しかし多くの団塊女性はしぶしぶ結婚したわけではない。ロマンティック・ラブ・イデオロギー（ＲＬＩ）への信仰も大きな駆動力となっていた。これは恋愛と性と結婚の三位一体を基本とする考えで、多くの映画や青春小説、ディズニーのアニメなどによる「白馬の王子さま」に愛されてたった一人の男性と添い遂げることが至上の幸福であるという幻想を信じて、彼女たちは結婚に踏み切ったのである。

団塊女性たちが結婚する少し前、１９６０年代半ばにお見合い結婚と恋愛結婚の数が逆転していることに注目したい。75年には見合い結婚が30％台に減少し、恋愛結婚は60％強にまで増加している。付け加えれば結婚する男女の年齢差が最小となったのもこの時期である。言うなれば、友達同士、価値観を共有する男女が恋愛から結婚に至るというコースが王道となったのである。お友達同士で年齢差もない関係（友愛的コミュニケーション）によって成立する家族は、当時ニューファミリーと呼ばれた。核家族で子ども二人といういわば標準家族は、サラリーマンの夫、専業主婦の妻、郊外のマイホームなどという要素から成り立っていた。

しかしその女性たちが信じていたものがＲＬＩであったことは強調しなければならない。しかも、あくまで信じた主体は女性であり、男性ではなかったのである。彼らにとって結婚とはゴールではなく、その後に続く仕事による社会的達成の条件の一つに過ぎなかったからだ。しかしこのようなジェンダー非対称性（性別による不平等さ）が露わになるのは、彼女たちが専業主婦という無業者となり、子どもを生み、孤独に耐えながら育児に奔走するプロセスを通じてなのだ。気づいたときにはもう逃れようもないことを、拙書『家族収容所』（講談社、２００３　河出文庫、２０１２）では、美しい花が咲き誇っている門をくぐって入るとそこには孤独な厳寒の世界が広がっている、振り返るともう出口はない、そんな収容所として譬えた。

彼女たちの失望、挫折感の深さは、ＲＬＩによって醸成された愛の成就としての結婚、永遠に続くはずの夫からの愛という幻想の強度に比例しているのである。

知は力なり

団塊女性の形成した家族を理解する際に有効な視点が「近代家族論」である。こう書くと唐突に思われるかもしれないが、母娘問題を読み解くために不可欠なものが、１９８０年代から上野千鶴子らによって展開された女性学の成果である「近代家族論」だろう。朝日カルチャーセンターでの連続講座においても、そこから私が得た視点や知識の伝達が大きな柱となっている。カウンセラーである私の話を聞きたいと思って参加された人たちの中には、私が「近代家族論」を援用することに驚かれた方もいたようだ。講座では毎回レジュメを作成し参加者に配布したのだが、そこに書いた、読み返してみるといささか挑発的な文章を引用してみる。

なぜ私が近代家族論に関心を抱いたのか？　1999年、東京大学上野千鶴子ゼミで「近代家族論」を1年間聴講したことが私にとって大きなヒントになっている。個別の家族で起きていることがなぜこれほどまでに似通っているのか、どうしてパターン化されているのかという疑問。家族を本質的で非歴史的なものとしてではなく、歴史的文脈の中で把握し、どのように日本社会の変容とともに変わってきたのかを把握したかった。また暴力の問題を心理的にではなく、関係的に把握することで、アメリカ的で自己還元的言説による悪臭漂う〝心理学化〟された解決法ではなく、オルタナティブな方向性を探りたかった。

「近代家族論」を聴講することで、精神分析理論や臨床心理学の成果、心理療法の技法からは得られないものを知ることができた。カウンセリングの場で、目の前に座っている個別具体的な一人の女性の現実が、家族の歴史・構造を知ることで、明治以降の日本近代史の中にくっきりと位置づけられて見えてくる。ふだん当たり前とされる家族のかたちやあり方が、たかだか100年ちょっとの歴史しかないこと。私的領域とされる家族が、実は国家の存立基盤を成して、共犯関係にあり、そこには国家の意志が強固にはたらいていること……などなど、目からウロコであった。

ウロボロス

少々話は飛ぶようだが、現在DV被害女性のグループカウンセリングを実施している。もし、彼女たちに必要な支援とは何かと尋ねられれば、私は迷いなく答えるだろう。「それは知識です」と。こころのケアやトラウマ治療などはもちろん必要である。しかしもっとも重要なことは、彼女たちが信じてきた考えである「殴られるには理由がある」「夫がなぜ暴力をふるうかを理解しなければならない」などを、転換することである。暴力の被害に関しても、前向きに生きるといった処方箋は無力であり、過去にこだわり続けることで初めて被害を脱することができると知る。このように従来の知識を、被害者にとって有効な新たな知識と置き換える必要がある。

同じことは、家族についてもいえる。近代家族論は、産業革命とともに形成され資本主義の発展とともに定着してきたものである。エドワード・ショーターの『近代家族の形成』(田中俊宏他訳、昭和堂、1987)をはじめ、上野千鶴子、落合恵美子、山田昌弘、西川祐子などがそれぞれ近代家族の特徴を挙げている。それらを論じることが本書の目的ではないが、共通しているのは子ども中心主義と強い情緒的紐帯《ちゅうたい》、閉じられた核家族化、性別役割分業といったものである。

これらをカウンセリングで出会う多くの同世代女性の言葉とリンクさせてみる。もっともありふれたパターンは、「仕事で不在の夫に期待することなく、子育てをがんばってきたつもりだったのですが、育て方が悪かったせいで娘が摂食障害になってしまいました」といったものである。言うなれば近代家族とは、妻であり母である女性たちが家族の責任（マネジメントや情緒的安定）をすべて背負うことで成り立ってきたのだ。何かことが起これば、母の愛情不足、愛着形成不全と言われ、すべてを母に背負わせる原因論がいまだに横行している。もっと不毛なことは、責められた母たちが自分の生育歴をたどり、その母たちから愛情を受けていなかったと結論付けることである。まるでウロボロスの蛇のようではないか。どこまでいっても女性しか登場しないのだ。決してそこに登場しない存在こそ、もっとも力をもっているのかもしれない。夫・父である男性、そして国家を可視化していくこと、そうしなければいつまで経っても不毛な円環は閉じられたままなのである。

団塊母のパターン

団塊女性たちが、娘たちに繰り返し言って聞かせる言葉は実に似通っている。それをいくつかのパターンに分けてみる。

――経済的自立促進、資格取得強制タイプ
「とにかく資格をとりなさい、これからはね、資格の時代なの」

「手に職をつけなさい、それだけは忘れちゃだめよ」

「経済力のない女はみじめなもんよ、よーくおぼえておきなさい」

――教育虐待タイプ
「いい？ 友達より優れてなきゃあんたの存在意義はないのよ」

「偏差値が1上がれば1000円あげるから」

「お父さんよりいい大学に入るのよ、わかった？」

「結局最後に笑うのはいい大学出た人なのよ、きれいごとばっかり言ってると負け犬になるからね」

これらの合間を縫って、暇があると夫についての数々の負の思いや感情を娘に言って聞かせるのである。

「どんなにパパと結婚するのがいやだったか、なのに頼み込まれるように、強引にプロポーズされたので、しぶしぶ結婚してやったのに。今になって浮気なんかしやがって……」

「人生最大の失敗はあの人と結婚したことよ。あんたの顔で一番きらいなのはお父さんとそっくりなその鼻だわ」

などなど、赤裸々な夫への思いを娘だけに暴露するのだ。これは夫への不満といった生易しいものではない。彼女たちの結婚生活そのものへの失望や挫折感であり、絶望なのである。それらが呪詛のように娘に注ぎ込まれるかと思えば、一転して、自分の負債をすべてプラスに転換する最後の希望の切り札として期待する。時には、娘が得るであろう幸せを容認できずに、自分より不幸な人生を送らせるように巧みに操作する。

中にはフェミニストである母たちもいる。大学で女性学を聴講しながら、足元の生活から目をそらして夫を心底軽蔑しながら暮らす。自分の生き方が正しいという確固たる信念だけを支柱にして生きているので、娘の発言はすべて母の正義を基準として裁断される。

「女のしあわせなんて言葉、絶対使っちゃだめ」「一人の人間として自立した生き方をするためにはお母さんどんな応援でもするから」、とうっとりした顔で言われる娘の重苦しさは計り知れない。自分の行動が母の正義の基準に照らし合わせればどうなのかはすぐにわかるので、結果的に母の許容する価値の範囲内でしか生きようとしなくなるのだ。

「誠実」に生きたからこそ

娘たちから聞くこんな母たちの姿はたしかに言葉を失うほどだ。やりきれないほどに鬱陶しい気持ちになる。だがＲＬＩや近代家族論、そして敗戦後の民主主義教育といった補助線とともに彼女たちをもう一度眺めてみれば、少し変わって見えてくる。

団塊世代の母たちは、男女平等という理念を植え付けられ、自由に生きること、自己実現はすばらしいことを信じて生きてきた。小学校からずっと、成績では女性のほうがはるかに優秀であることを体感してきた。いわば民主主義教育の理念を子ども時代に植え付けられた希少な世代なのである。にもかかわらず、いつのまにか女性は感情的で非論理的であるという常識にからめとられていく。世の中の女性への意識はそれほど変わっていないことに直面せざるを得ない。教育の変質とともに、現実は理念を裏切っていくことになる。

ＲＬＩも同じだ。彼女たちが信じた三位一体の結婚生活は、しだいに夫の仕事の後方基地へと変質していった。孤独な育児とともに、守ってもらうどころか夫をケアしなければならなかった。時に夫は浮気をし、責めれば逆切れをされて開き直られたりした。

彼女たちはこのように手ひどく裏切られ、失望させられてきたのであるが、それは単に夫によるものだけなのだろうか。夫婦関係という私的領域だけに背景を求めるべきなのだろうか。

近代家族論の特徴を再度振り返ってみると、彼女たちは１９７０年代という日本の家族の近代化が一気に進んだ時代を、大量に生み出された専業主婦という存在としてむしろ「誠実」に生きたのではないか。このようにとらえることもできるだろう。

それは決して娘たちに対する支配的言動や他者性を欠く態度を正当化するものではない。このことは強調しなければならない。しかし団塊世代の母親たちに見られる、あの深い絶望にも似た裏切られ感は、それ以前にもそれ以降にもない独特のものだという気がする。こんな果実が味わえますよ、この道をまっすぐ行けばどんどん風景は美しくなりますよ、絵に描いたような幸せは本当にあるんですよ……、団塊世代の女性たちはこのような言葉を信じたのである。信じたからこそ、幻想だと知ったとき深くやり場のない思いが彼女たちを襲った。女性であることを呪ったかもしれないし、夫を恨んだかもしれない。

でも未来を信じ希望を抱いた彼女たちが愚かだったのではない。「誠実に生きた」と書いたのは、彼女たちが信じたからである。RLIだって民主主義だって、信じたことはすばらしかった。それが裏切られたことは、個人的な問題ではなく、近代家族の抱える仕組みの帰結として生じたのである。そして、そんな過重な負担を女性に強いる近代家族は、団塊世代の男性たちの過重な働き方とセットでとらえなければならない。

返す刀で自分を斬る

今度こそ母娘問題の本丸に迫らなければならないという意気込みから出発し、中核群である団塊母とその娘という組み合わせを俎上《そじょう》に載せることは、本章を書くにあたって当初から決めていたが、そのまま彼女たちを徹底批判して終わりにできたらどんなに楽だったろう。しかしそれでは、自分を除外して同世代の母たちを批判する態度につながってしまう。それこそ私が忌み嫌ってきた「自分は別」という似非《えせ》中立的な態度そのものだ。「客観的で中立的」態度とは、結果的には多数派・マジョリティを擁護することだというのが、私のカウンセリングから得た教訓なのだから。

母娘問題でも、多くの娘たちが苦しんできたのは、訳知り顔で客観的に語られる「お母さんだって」という親擁護・母親擁護の言葉なのだ。このような言説とは一線を画してきたはずの私が、同世代の母親批判をしながら、いつのまにか「私は違う」的な客観的姿勢をとってしまっているとしたら、どうすればいいのだろうか。やはり「返す刀で自分を斬ることになる」という覚悟をしなければならない。これが私なりの結論である。

2015年パリで起きたシャルリ・エブド襲撃事件のあと叫ばれたスローガン「シャルリは私だ」をもじって言えば「団塊母とは私だ」ということになる。本章で団塊女性、団塊母たちについて書いたことは、すべて私にも重なるということを述べておきたい。

10　僕は生き直したいんだ

団塊世代の学生時代

前章の文章を書きながら念頭にあったのは、学生運動の中でも代々木系と呼ばれた人たちだった。代々木とは、当時日本共産党のことを指していた。党本部が代々木にあったからだ。彼らの一部は、卒業と同時に国家公務員として警察や国防に携わる省庁に職を得、周囲を驚かせた。国家権力の中枢に近い省庁を選んだことへの私の違和感を納得させたのは、「内部変革のために」という彼らの言葉だった。そうか、もっとも困難だけどもっとも必要なことは、組織内部や権力の中枢に位置しながら変革していくことだ、そう考えたのである。しかしその後の彼らの動向はどうだったのか、1990年前後に、ソ連をはじめとする社会主義国が次々と崩壊していく中で、はるか遠ざかる記憶とともに今となってはそれを追うこともできない。

団塊世代の中で、このような学生運動に身を投じた人たちは実はそれほど多くはない。

四年制大学進学率は同世代の15%に満たなかったが、多くの学生はノンポリであり、学生運動にかかわったのはそのまた一部なのである。学生運動と一口に言っても左翼系から右翼系まで幅があり、菅野完の『日本会議の研究』（扶桑社新書、２０１６）によれば、左翼系学生運動に反対する長崎県の学生団体が日本会議の源流であるという。このように政治的動向だけを見ても彼らの多様性がうかがえる。それに呼応するかのような、団塊女性の姿について述べよう。

あきらめた妻と凍み豆腐

朝日カルチャーセンターの「『団塊女性』を問い直す」という講座から浮かび上がったのは、妻や娘から見た夫・父である団塊男性の姿だった。定年まで、終身雇用と年功序列という強固な企業家族主義に身を置いてきた彼らがどんな夫でどんな父だったのかについて、これまで問われることは少なかった。妻たちの証言にあるように、子どもを産み育てる中で、夫に対する期待を徐々に捨てること、あきらめることが一番確実なこころの平安をもたらす道であった。「男の人ってそんなもんじゃないですか」というのが、彼女たちの波立つこころを鎮めるおまじないである。

人生って、女って、という過剰な一般化によって、目前のつらい現実をなんとか自分に納得させようとする試みは珍しくないが、カウンセリングでは40代以下の女性からその言葉を聞くことはぐんと少なくなった。いっぽうで50代以上の中高年の女性たちは、ふとした拍子に「男の人って……」というフレーズを、訳知り顔で、時にはあきらめきった表情で口にするのである。そんな時黙っていられず「という男性もいるってことでしょ？」と必ず割って入るようにしているが、中にはそんな過剰な一般化を拒み、愛と性と結婚の三位一体説＝ロマンティック・ラブ・イデオロギー（ＲＬＩ）を信じ、長い結婚生活を夫婦中心の価値観で過ごしてきた女性もいる。

あまり知られていないことだが、娘の摂食障害や息子の引きこもりで困り果てた母親にとってもっとも深刻なのは、彼女たちの意識の底に、地中深く埋葬されている夫への怒りや絶望なのである。埋葬というのは不正確で、生き埋めといったほうがいいだろう。そこに触れたらどうしようもない、変えられることはほとんどないことを微かに自覚している彼女たちは、子どもと自分、つまり母子関係こそが問題なのだと信じようとしている。育て方が悪かった、母として愛の注ぎ方が足りなかったと言い募れば、誰も反論などしないどころか、反省するよき母になれる。

夫の無関心、飲酒、ギャンブル、暴力などを不問に付して、母子ワールドですべて解決できるかのように専門家も世論もタッグを組んでいる。彼女たちは「男の人って……」とあきらめ顔で語り、夫との関係を俎上に載せることに抵抗する。まるでサンドバッグのように批判され尽くす母たちの強さには独特なものがある。譬えれば、凍《し》み豆腐のような、コンニャクの煮物のような、これ以上ないほど叩かれ凍らされてきたがゆえに獲得する深い味わいである。母と娘という問題系が本書のテーマであるが、その母たちのもつ独特の強さや無神経さについては、追って述べることにする。

家を出たいという夫

アケミさんは60代半ばだが、ショートカットにグレーの髪がよく似合う。なんとか私に背中を押してもらいたいと思って来談した。

夫は2年前に定年退職し、長男は研究職で海外在住、長女は公務員で近所に住んでいる。二人の孫の保育園の迎えを引き受けているが、仕事帰りの娘が訪れ、孫も含め5人で夕食を囲む時間が何よりの幸せだった。アケミさんは育児の手が離れたころから勉強をして、介護の資格をいくつか取得した。孫のお迎えとバッティングしないように調整し、二つの高齢者施設で仕事をしている。

2歳違いの夫とは学生時代に知り合い、親の反対を押し切って同棲後、結婚した。妊娠するまでは共働きだったが、夫の海外転勤とも重なったので退職し、しばらくは専業主婦として育児に専念した。夫とはどんな忙しいときも会話を欠かしたことはなかった。会社の仕事が大変だったときも、夫は私生活に仕事の話題を持ち込むこともなく、むしろアケミさんの日常の大変さを思いやって話を聞いてくれた。同世代の友人たちが集まると必ず出る夫の愚痴も、自分には無縁のものとしか思えなかった。

「本当にやさしくて、温厚な夫でした。一人娘の私が近所に母を引き取って住まわせることにしたときも、両親のいない彼は賛成してくれたんです」

夫の唯一の趣味は登山だった。年に2回は必ずフル装備で山に登った。頂上で雲海をバックに撮った写真が何枚も居間に飾られている。定年後は登山の頻度も上がり、体力づくりのためのジョギングも欠かさなかった。

そんなアケミさんがカウンセリングにやってきたのは、半年前の夫の言葉がきっかけだった。

いつもどおり夕食を済ませた後、リビングのソファに座った夫は珍しく硬い表情で話があると言った。

「実は家を出ようと思ってるんだ」

思いもかけない不意打ちのような言葉にアケミさんは驚いた。

「ええっ？　それっていったいどういうこと？」

はっきりと、そしてゆっくりと夫は告げた。

「僕は、家を、出たいんだ」

「家を出るって？　それであなたはどうするの？　何をしたいわけ？」

しばらくの沈黙ののち、夫はアケミさんの目を見つめながら言った。

「黒姫に住むことにした。実は、別の女性と暮らすことになっている」
「…………」
「僕は、僕は生き直したいんだ」

最後のプライドを守るために

その後アケミさんは、半狂乱となり、夫に詰め寄った。いったい何が不満なのか、いつからそんな計画をしていたのか、相手の女性はどんな人なのか、これまでの生活をすべて捨ててしまうのか、私のどこが悪かったのか……。夫はそれに対してあまりはっきりとした返答をしなかったが、それらがすべて相手の女性をかばう態度と思われ、さらにアケミさんの怒りと混乱は激しくなった。

そんな修羅場の数日を経て、娘や孫には一切心配をかけたくないと思ったアケミさんは、自分一人の胸の中にしまうことにした。相手の女性についても、振り返ってみれば思い当たるふしがいくつも見つかった。夫の登山仲間であるその女性は、定年退職後の夫の登山にはいつも同行していたようだ。黒姫という土地もそこから選ばれたものだろう。相手が若い女性だったらわかりやすかったが、なんとその女性は夫より3歳年下で、アケミさんとほぼ同年だったことも衝撃を深くした。夫は予告どおり、その告白の1週間後に小さなカートを引いて家を出て行った。

相手の女性の家に乗り込んで行こう、自爆テロのように相手も夫も、そして自分も破滅に追いやろう、私立探偵を使ってすべての情報を手に入れようと思い詰めたこともあった。しかし最後に行きつくのは、自分がみじめになることだけは避けたい、破滅的になれば自分の最後のプライドまでが崩《くず》れる気がする、という考えだった。夫が生き直したいのなら、私も生き直してやる、そのためにはどうすればいいのか……。アケミさんは、そんなぎりぎりの地点で何とか踏みとどまり、カウンセリングにやってきたのである。

多くの部分をプライバシーに配慮して改変しているが、アケミさんと同じような例はいくつもある。来談するのはきまって女性の側であり男性ではない。そして全員が涙も出ないほど憔悴《しょうすい》しきっている。夫に対抗して浮気でもしてやろうと思っても、そんなことはできない、虚しいしみじめになるだけだと語る。彼女たちに共通しているのは、50代後半から60代にかけてという年齢、知的で自立的であること、時には実に魅力的に思えること、そして夫を心から信じ切って結婚生活を送ってきたことである。RLIを身をもって生きてきたといえるだろう。アケミさんのように、その出来事さえ起きなければ、夫への信頼は揺るがなかっただろう。そして愛し愛される夫婦関係はほんとうに存在するという証明にもなっただろう。

僕が悪いんです

男性の側はほぼ来談することはないが、数少ない例から彼らの言葉を再構築してみよう。

「本当に悪いと思っています。誰のせいでもありません、妻も悪くありませんし、彼女も悪くないんです。弁解するなんてことはしたくありません」

このようにひたすら自己批判に徹する彼らの姿は、まるで犯罪者のようでもある。性犯罪の加害者がカウンセリングにやってきて最初に述べる言葉とそっくりそのまま同じだ。別に彼らを性犯罪加害者と同じと言っているわけではない。妻と同じ女性である私が何を考えているかがよくわかっている彼らは、攻撃を避けるために、ひたすら反省の姿を示す。それは婉曲的な自己弁護として機能する。

彼らの多くは妻に言われて来談する。それを拒むことは妻を傷つけた行為を反省していないことになるからである。しかしひとたびカウンセラーである私と気心が知れた関係になったという感覚を抱くと、彼らの一部はまるで少年のような語り口で言う。

「出会ってしまったんです、どうしようもなく惹かれてしまったというのが正確でしょうか。どこか運命的で、最後の人かもしれないと思ったんです。それが妻に対して裏切りであることはわかっています。でもどうしようもなかったんです。僕は、無責任な男でいたくありません。彼女に対して自分の言葉に責任をもちたいと思いました。それに、僕は生き直したかったんです。これまでの順調な人生は妻のおかげだし、こころから感謝しています。このままいけば、妻と老後を穏やかに送ることになるでしょう。でも、僕は生き直したかったんです」

人生相談の凡例

別の女性にこころ惹かれてしまったこと、その女性のためには妻を捨てかねない。それを告白・告知する際にそろって口にするフレーズが「僕は生き直したい」なのだ。これは単なる偶然なのだろうか。

中には彼らの言動を笑う人もいるだろう。何を大げさな、どう見たって単なる浮気じゃないか、男性週刊誌がそろってとりあげる60歳以上のセックス記事と同じだ。バレなければ妻に告白なんかせずに誤魔化して隠し通せばいいのだ、なかったことと同じなんだから……。せいぜいお互い都合よく不倫やダブル不倫のままでバランスよくやっていく、それが大人というものじゃないか。

こんな意見が多数派だろうし、60年以上も生きてきた彼らが、男性社会のそんな常識を知らないはずはない。ちょっと心理学をかじったことのある人なら、妻と愛人との板挟み状況にある自分に酔っているだけじゃないか、と解釈するだろう。女性の中には、妻が重すぎたのよ、私だけを愛してって夫に要求し過ぎたんじゃないの、男ってね、息抜きしたいもんなのよ。妻と違うタイプを知って思わず新鮮に感じたんじゃないの、まあゆったり待ってなさい、必ず戻ってくるから、いずれ飽きるわよ、などと映画やドラマに登場する飲み屋の女将《おかみ》みたいな発言をする人もいるだろう。しかし、こんな人生相談の凡例みたいな解釈をしても意味はないと思う。

不倫ではなく恋愛なのだ

おそらく彼らは、自分の行為に浮気・不倫といったマイナスの定義を与えたくないのだ。彼らにとって、それは「恋愛」なのである。

まじめに仕事をし、妻を誠実に愛してきた人生だった、そのことを恥じることはない。だからこそ出会った女性との「恋愛」に、まじめで責任ある態度で臨みたいのだ。妻とは愛しているから結婚したのであり、何度も同僚から女性との遊びに誘われたが妻を裏切ると思うと断るしかなかった。定年退職後、やっと妻との時間もとれるようになり、これから長い老後をともに生きていくつもりだった。その道はずっと先まで見通せる気がした。健康でありさえすれば、経済的にも不安はない。しかし彼らの中で強烈に蠢《うごめ》く衝動もある。会社のため、妻のために生きてきた人生をリセットしたい、第二の人生を思いどおりに生きたい、体力だって気力だって20代のころと遜色ないような気がする。そんな彼らから発散されるエネルギーが、まるで触手を伸ばすかのように新しい出会いをつくる。求めよ、さらば与えられん、である。

恋愛（異性との出会い）で生き直す、どこかで聞いたセリフである。そう、これぞロマンティック・ラブ・イデオロギーの中核になっている思想なのだ。本書では、ＲＬＩを信じたのは団塊世代の女性のほうだったと述べてきた。しかし団塊世代の男性の中には、ＲＬＩを信じている人たちもいたのだ。

仕事中心の生活を送って、浮気は男の甲斐性《かいしょう》とばかりに遊び、妻や子どもに対して何の関心も払わなかったにもかかわらず、定年退職後は妻のご機嫌をとって老後の生活へのソフトランディングを図る。あまりにありふれた姿のどこにもＲＬＩは感じられない。しかしアケミさんの夫のように、妻と誓った愛を全うしようと努め、妻と協力して子育てに関与し、家族中心であろうとした男性もいたのである。

彼らにおけるこのようなＲＬＩの残滓《ざんし》が、定年退職後の「恋愛」への没入と「生き直し」という言葉につながったと考えられないだろうか。

根無し草になる喜び

ここで重要なことは、ＲＬＩ信仰においてもジェンダーの非対称性が見られることである。女性のそれは、すべてを捨てて根こそぎ愛に生きる、根無し草になることのリスクを喜びに転化する装置ともいえる。いっぽう男性のそれは、そんな女性に応えて生きること、つまり女性に縛られて支え続けることが男性の価値を高めるという装置を意味する。彼らは根無し草になるわけではない。そこには支える条件としての経済力が前提となっている。アケミさんの夫に退職金がなければ、黒姫に住むという愛の成就は不可能だっただろう。では「生き直し」を図る彼らは、どこかで妻の拘束を脱することを願っていたのだろうか。答えはイエスである。しかしそれは妻個人に帰せられるものでなく、RLIそのものが宿命的に孕《はら》んでいる男性に対する拘束なのである。そして、彼らの生き直し願望を夢物語にしないのは、それを可能にする経済力なのである。

アケミさんにしてみれば、RLIを信じてきた人生の折り返し地点を過ぎたところで、突然夫に裏切られたのである。日々少しずつ毒を盛られるのではなく、突然猛毒のジュースを飲まされるようなものである。夫はそれが裏切りであることを知りながら、RLIゆえに妻を捨てなければならなかった。一夫一婦制というRLIを具体化する制度は、それを要求する。

このように団塊世代はRLIを愚直なまでに内面化した世代だったといえる。しかしそこには明確なジェンダー非対称性が見られることをお伝えしたかった。アケミさんとその夫を例にとって述べてきたが、どれほどそれが悲惨な結末になったとしても、バカみたいだとそれを嘲笑する気にはなれない。人生のある時期に愚直なまでにRLIを信じたことを、信じなかったことよりもはるかに強く支持したいと考える。アケミさんからは弁護士に依頼し離婚調停を申し立てることにしたとの連絡が入った。果たして彼女の生き直しが始まるのだろうか。

11　母はなぜ不幸しか語らないのか

ある問いかけ

団塊母たちは幸せになることを夢見ながら結婚し、子どもを産み、家族を営んできた。希望に満ちた幕開けが、その数十年後になぜ現在のような事態に帰結してしまったのか。結婚生活のピークは結婚式当日であるという夢も希望もないあきらめを退けながら、娘たちの語りや声を手掛かりに、その疑問にせまってみたい。

さて、「母を一番よく知っているのは誰だろう」こう問いかけてみよう。「私です、私が一番母のことをわかっています」と疑いもなく答える娘たちがいる。母の母（祖母）でもなく、母の同胞（叔父、叔母）でもない。まして配偶者である父ではない。娘であるこの私こそ母の最大の理解者であると自負して疑わない女性たち。カウンセリングでお会いする彼女たちは、そう語りながらも自嘲気味である。答えた自分に腹が立ち、それがなぜ父ではないのかと怒りをおぼえている。

幼いころ見せられた両親の結婚式の写真には、緊張しながらも今の自分よりはるかに若く初々しい母が、これから幸せに生きていくのだという覚悟とともにピンと背筋を伸ばして写っていた。隣には髪のふさふさとしたかなりイケメンの父が誇らしげに立っている。

それなのに、なぜ私が母の最大の理解者になってしまったのだろう。娘たちの半ばあきらめた言葉から見えてくるのは、母たちが長きにわたって娘に何を語り聞かせてきたのかということである。

母について語る、自分について語る

1995年12月のカウンセリングセンター設立当初からずっと実施しているのが、アダルト・チルドレン（ＡＣ）のグループカウンセリングである。「現在の自分の生きづらさが親との関係に帰因する」と自認している35歳以上の女性を対象としている。そのグループで語られたことが、親子関係についてさまざまな考察をする際の私の基礎となっている。金曜の18時30分から2時間の予定で開始されるグループカウンセリングは、夜間ということもあり終了が21時を過ぎることがほとんどである。先週などは終わったら22時30分を過ぎていた。

通常のグループカウンセリングでは、自分のことを語るものだと理解されている。ところがそのグループに参加する女性たちは「自分のこと」を最初ほとんど語れない。自己紹介も含めて「自分」を抽出することが困難なのだ。グループの担当者である私はそのことに最初、正直驚いてしまった。

そしてこう伝えることにしたのである。「お母さんについて述べてください」「あなたのお母さんがどれほどヘンな人だったかを説明してください」。こう前置きすることで参加する女性たちは時に雄弁に、時には涙しながら語るのである。そのグループでは、自分が親（ほとんどが母）からどのような被害を受けてきたかを語ることで体験を整理し、他者と共有することが一つの目的である。肝心なことは繰り返し語ることであり、語るたびにそのフォーマットは微妙に変化していくのである。本人はその変化に気づかない場合もあるが、お茶の作法においても、同じことを繰り返しているように見えて、そこには必ず変化があるのと似ている。

しかし、「私が被害を受けてきた」と「お母さんが○○をした」というのは同じに見えて微妙に異なる。前者では「被害を受けた自分」が認識の出発点であるが、なかなか自分を出発点にできないのが参加者の問題点なのだ。そのためにはまず、母が自分に対して行った言動を表現することで、それが自分にとって一種の虐待（加害）行為であったと認め、結果的に自分が被害を受けたことを承認するのだ。順序立ててみよう。

①理不尽で腑《ふ》に落ちない母の行為を描写する

②母の行為を評価する（ひどい、無自覚、無神経、残酷など）＝母の加害性を認める
③自分の反応（つらくて苦しい、怖いなどの情緒的反応・緊張で呼吸が速くなるような身体的反応）が当然と思える（被害者性の承認）
このようなプロセスを積み重ねることでやっと自分を出発点にした経験を語れるようになるのだ。

被害者と加害者は意識において逆転している

自分語りとか自分史という言葉が世間に溢れているが、私たちは誰かとの関係でしか自分を語ることはできない。まして自分を産んだ母のことが、少しずつ、時には一つのきっかけを境に重く苦しく、うとましく、つらくなる。そんな自分を許せずになんども思い直そうと試みてもどんどんひどくなるばかりだ。時には母の姿、メール、電話の声すらも怖くなったりする。そんな娘たち（それも30代から60代までの幅広い年齢層）が参加するグループでは、まず母について語るというスタートラインが欠かせないのである。

似たようなことはＤＶ被害でも見られる。自分が被害者なのか、自分のほうが原因をつくり相手をしむけたのではないか、隙があった自分に問題があるのでは、といった自問自答がずっと生起し続けるのである。そして加害者と名指しされることに多くの夫は

怒り、むしろ自分のほうこそ被害者だと主張してさらに妻を責めるという悪循環が生まれる。

ＤＶという定義の根底にあるのは、ジェンダーをめぐる非対称的関係性、わかりやすくいえば男女不平等な現実である。オリンピックを見るまでもなく、男性と女性はその身体的特徴に明らかな違いと差異がある。このような違いを無視すれば公正を欠くことになるだろう。男女がいっしょに100メートルを走ることが平等を表すわけではない。

中でも家族は、男性と女性、大人と子ども、老人と若者という、力において差異がある存在が共存する集団である。家族が平和裡に暮らすためには、力のある存在が力のない存在をどのように尊重していくか、自らの力をどうやって制御するかが試される。男性が力いっぱい女性を殴れば死に至るし、大人が子どもに腹を立てて食事を与えなければ餓死するのだ。しばしば力を有する側は、自らのパワーに無自覚だからこそ、ＤＶの加害者は、自分のほうが被害者だと主張するのだ。残念ながら力が付与されてしまっていること、自分が力関係の強者として存在しているという自覚を抜きにすると、親子・夫婦関係はたやすく支配と暴力に呑み込まれていくだろう。

母の操作に見る政治性《ポリティクス》

では母と娘はどうなのだろう。そこに介在するのは、暴力といったあからさまな力の発露ではない。殴られれば血が出るしあざもできる。ところが母は自分がかわいそうな存在であることを示し、「あなたのために」という自己犠牲を盾にして娘に罪悪感を喚起し、そんな私が生きていていいのだろうかと思う娘を自分の保護者・庇護者として生きるように操作するのである。そのために、繰り返し次のような言葉を注ぎ込み、一種の洗脳的効果をもたらす。

小学校の成績表を見ながら、「ふつうでいたらだめなの、人よりすぐれてないと生きている意味はないのよ」と語る。会社の異性の同僚から交際を申し込まれて浮き浮きしていると、すれ違いざまに「どうやったってあなたは幸せになんかなれないんだから」とつぶやかれる。家事を手伝おうとすると必ず「お母さんがいないと何にもできないのね」と軽蔑した目つきをされる……。

一度ならずもこのような言葉が投げかけられれば、娘たちはそのとおりに信じるだろう。仮に反論しようものなら「親だから言うのよ、他人は言ってくれないんだから」と返される。自分を産んでくれた母が言うのだから間違いはない、ある時まで娘たちは母の言葉を真実と思って成長する。なぜそこまでやすやすと信じ込むのかと疑問をもたれる方には、こんな言葉を紹介しよう。

「ほんとうはね、パパと別れたかったの」「だまされたようなもんなのよ、あの人は全部結婚前の約束を破ったんだから」「子どもなんか欲しくなかったのに、無理やりされて妊娠しちゃったのよ」「あ〜あ、○○さんと結婚しとけばよかった、そうしたら今ごろこんなみじめな生活送ってないわ」。

最終兵器はこうである。「子どもがいたから別れられなかったのよ」「あんたさえいなかったら今ごろは……」

娘に対する洗脳を成功させるためには、母は不幸でなければならない、カルトの教祖になるには受苦的存在であることが必要であるように。こんな苦労をしてきた、そこから逃れられなかったのは娘の存在があったからだ、という論法には、苦労をさせた夫（娘の父）こそ真犯人であるということが暗に示され、夫を共通の敵とする同盟に加わるしかないとされる。かつてはそこに姑《しゅうとめ》が位置していたのだが、団塊世代は核家族を形成しニューファミリーを目指したために、夫がターゲットへと押し出されたのである。

母は家族における力関係をこのように巧みに操作し、自らの不幸を誇示することで娘たちを同盟軍に仕立て上げて、経済力をもたない非力さをカバーしたのである。これこそ最強のポリティクスといえよう。女性のほうがはるかに政治家に向いていると思うのは、娘たちの言葉から母たちのこのような操作性と権力性を知るときである。

生育歴は母親研究である

グループカウンセリングは10回出席で1クール（月2回実施なので約5か月を要する）

と定めている。何クール継続してもいいが、先日も15クール参加して、グループを卒業していった人がいた。10回目には必ず生育歴を発表しなければならない。これは1クールを参加した総まとめのためであるが、ACである自分の「当事者研究」でもあり、同時に母親研究でもある。なぜ自分の生育歴・当事者研究が母親研究になるのかについては、本書で追って詳しく述べたいと思っている。タイトルと発表の方法は本人に任せているが、その文章は、なまじの文学賞受賞作品よりはるかに読み応えがある内容である。中には詩で発表したり、パワーポイントを使用したり、ラップミュージックやマンガ仕立てのものもあり、そのユニークさには毎回感心させられる。

生育歴を聞きながら、彼女たちがどれほど母親の不幸を聞かされ続けてきたかに驚かされる。自分語りより母親語りが優位であること、そうしなければ自分語りにはたどり着けないことはすでに述べたが、幼いころからの寝物語、入浴時、買い物や料理などの家事の合間に、母親は娘に具体的で生々しいことを山ほど語って聞かせるのである。そこには母自身の生育歴、親戚の情報、夫の親族、夫の生育歴などが含まれるが、それらが「苦労話」という不幸語りの形式を取っていることが大きな特徴だ。

核家族における子どもにとっては、仕事で不在の父をのぞけば母しか存在しない。母がいなければ生存できない非力さとは、母が全面的依存と愛着の対象であり、すべての情報源でもあること、つまり神にも等しい存在であることを意味する。その母が2歳のころから日常的に自分の不幸を語って聞かせれば、母が死んでしまわないように、母がいなくならないように全力で吸収するだろう。そして母を守らなければ、私だけは母を裏切らないようにしなければ、と誓うのである。

母の不幸の語り部としての娘

アヤさんの生育歴には、詳細な母と父の家族図《ジェノグラム》が描かれていた。明治時代にまで遡るそれは、祖父の8人兄弟、父の20人近い従兄妹、母の同胞に至るまで全員の名前が記されていた。小さな地域共同体の中に両親の親族が住まい、そこで繰り広げられる骨肉のドラマは、まるで小説のようだった。レポート用紙何枚にもなる内容を、彼女はすべて記憶に頼って書いたのである。生育歴を作成するにあたって、叔父や叔母にインタビューする人がいる。自分の知る母親像とは異なる姿、これまで知らなかった事実がわかったりするのでなかなか興味深い作業なのだ。しかしアヤさんにはその必要もなかった。

「だってものごころついてからずっと、毎日毎日聞かされ続けてきたんですから」

アヤさんは常に母の聞き役だったし、「今から思えば母との交流・コミュニケーションとは、母の語ることに相槌《あいづち》を打って聞いてあげることだったのかもしれません」と語る。このような生育歴は珍しくない。事細かに母親の青春時代の栄光が書かれてある場合、それは結婚によって失ったものへの恨みの深さを測るバロメーターになっていた。

中にはテレビドラマ「おしん」のような北国の悲惨な結婚生活が描かれていた。聞いていると雪がちらつく中を川で手を赤くして洗濯する姿が浮かんでくるほど具体的なのは、母からそうやって何度も聞かされてきたからだろう。

母が憑依したかのように母の不幸を語る娘たちの姿は、まるで稗田阿礼《ひえだのあれ》のようである。古事記は稗田阿礼が口述したものを太安万侶《おおのやすまろ》が筆記したといわれている。多くの災禍はそれを語り継ぐことで次世代にも忘却されることなく伝わっていくが、娘たちはすすんで母の語り部の役割を果たそうとしたのではない。母の不幸を聞くことで母を庇護し支えるしかなかったのである。

幸せを語ることはタブーなのか

いったいなぜ母親はここまで娘に不幸を語り続けたのだろう。ほかに聞いてくれる人がいなかったのだろうか。幼い娘しか味方になってくれる人がいないほど孤立していたのだろうか。「不幸な母には私しか理解者がいないのではないか」「私が母を支え守らなければならない」と娘が考えてくれるとしたら、母にとってこんなパラダイスはないだろう。「母」を「あなた」に入れ替えてみれば、誰だって言われたい言葉である。ロマンティック・ラブ・イデオロギー（ＲＬＩ）においては、夫が妻に対して語るはずの言葉だった。

女ならみんな我慢してるんだ、夢は四国のお遍路だと自分をなだめることもできない。団塊女性たちは、一度は希望を抱き、幸せが手に届くことを信じてしまったのだ。彼女たちが幸せを夢見たことが不幸を増大させたとすれば、受忍限度の低下というより、女性たちをめぐる状況の進歩として、むしろ歓迎したいと思う。

問題はそれを娘に対して、廃棄物処理のように吐き出し続けたことである。団塊女性たちは多くて3人の子どもしか生まなかったが、息子がいても、吐き出す対象は娘、それも長女だった。専業主婦でなく仕事をもっている母も、娘にとってはほとんど変わりない姿を見せつけた。わずかでも幸せ語りが加わると娘が離れてしまうとでも考えたのだろうか。

グループ参加者の多くは、いまだに父親と離婚していない母について、時には幸せな日々もあっただろうになぜ不幸しか語らなかったのかと言う。彼女たちは、母の人生のいわばカウンセラーへと選択の余地なく追い込まれ、精神的な庇護者・保護者であることで、周囲から(時には母から)いい子だ、やさしい子だと評価されてきた。それしか依拠するものがなかったために、父から母を守らなければという使命感で押し潰されそうになりながらも、その苦痛こそがいい子である自分の存在証明となる。痛みこそが生きるための承認を与えるというマゾヒスティックな構造に気づくのは、ずっと後になってからである。

母が不幸しか語らないこと、タブーのように幸せを語らないこと。おそらく母はなんの罪悪感ももたずに、あたり前のように語り続けている。これが娘にとってどれほど怯えと緊張をもたらすか。その残酷さを思うと、「自分の不幸を聞かせ続ける虐待」という定義を新設してほしいというグループ参加者たちの要求に、納得させられてしまうのである。

12 娘を身代わりにした母と教育虐待

包丁家族

前章では、娘に対して不幸しか語らない母たちの存在について述べ、それを新しい虐待に認定してほしいという娘たちの声も紹介した。どれほど自分が不幸だったか、どれほど苦労したかを延々と語って聞かせる母たちが、いっぽうで娘たちを苛烈なまでの受験競争に追い込んでいったことはあまり知られていない。

教育虐待の一つの例として、父・息子の事件を紹介しよう。2016年8月21日、名古屋市で中学受験をめぐる口論の末、小学6年の長男（12）が父親に自宅で胸を刺されて死亡した。父親は自分で息子を抱いて医療機関に連れて行ったという。朝日新聞デジタルニュースによれば、県警の調べに容疑者である父親は「自分の人生はうまくいかなかったので、子どもには頑張って欲しくて厳しくした」という趣旨の説明をしている。

少年は医師を目指しており、全国有数の医学部進学率を誇る私立中学校に入るように父親から厳しく指導されていた。父親自身もその中学校の卒業生だったという。

驚かれるかもしれないが、家族間の喧嘩や争いに包丁が登場することはそれほど珍しくはない。カウンセリングではよく耳にする。父親が酒に酔うと誰も指示しないのに子どもたちが包丁を隠す、盆や正月で親族が集まるときは事前に必ず刃物を隠しておく、といった例は、アルコール依存症の問題にかかわっていると日常的ですらある。しかし酔っていなくても包丁は登場する。成績が思うように上がらないと父親が包丁で脅す、息子がひとことでも父親をバカにするような言葉を吐くと「もう一回言ってみろ」と台所から包丁をもってきて追いかける。ドメスティック・バイオレンス（DV）で母親が殺されるかもしれないと思い父親に立ち向かおうとしたとき、父親から切りつけられた包丁が眉の上をかすって、30歳になった今もうっすら痕が残っている男性もいる。このようにまるで身近な武器であるかのように包丁を使って脅すのは、多くは父親なのである。

冒頭の事件で息子は右胸を刺されているが、もみ合ったり抵抗したりした痕跡はないようだ。それまでにもベランダに締め出された息子が泣く声を近所の人が聞いているという証言もある。

この事件について、私なりにカウンセラーの視点で殺害に至るまでのプロセスを想像してみる。

ずっと父親に抵抗できずに「俺のような人生を送らないために」「お前だけは医者になるんだ」という説得と強制に従って勉強してきた息子だったが、もう限界だ、これ以上は無理だと思い、父に初めて反抗した。「もういやだ、これ以上無理だ」反抗に激怒した父親は「お前のためを思って言ってるんだ」「どうしてわからないんだ」と包丁を取り出した。「ふざけたことを言うなら殺してやる！」

息子はそれでもひるまず、父親に向かって抵抗し、暴力をふるうこともなく言い放った。「刺したいなら刺せばいいじゃないか」……そして父親は刺したのではないだろうか。息子は絶対自分が刺されないと思ったからそう言ったのではなく、どこかでもう自分は死んでもいい、ここで父親に刺されて死ぬのかもしれないという諦念があったのではないだろうか。だからこそ「刺せばいいじゃないか」と言った、そんな気がするのだ。

ウサギ狩りと受験

アダルト・チルドレン（AC）のグループカウンセリングで出会った女性たちの多くは、母親が主導するすさまじいばかりの受験勉強によって深い影響を受けている。彼女たちの追い込まれ方は、私が中学校時代に経験したウサギ狩りに似ていた。唱歌「ふるさと」の歌詞——兎《うさぎ》追いしかの山、小鮒《こぶな》釣りしかの川——にある光景を、私は中学校時代に実際に経験している。

昭和30年代半ば、岐阜県の山間部にある中学校の恒例行事が「ウサギ狩り」だった。その日は全校生徒がお弁当を背負い、手には少し長めの木の棒をもち、学校裏手にある里山をくまなく囲む。山頂でブラスバンド部員が吹くトランペットを合図に、全校生徒はいっせいに「おお～っ」と叫び声を上げ、棒で木の茂みを叩きながら頂上に向かって登っていく。山の茂みや樹木のあいだに隠れたウサギを追い出し、山頂に追い込んで捕獲するという手順である。そして一説によれば、捕獲した証拠として耳を切り取ったという。

いつ始まった行事かはわからないが、私たちが卒業後しばらくして中止になったと聞いた。おそらく動物愛護の点から野蛮だという苦情が出たのではないだろうか。

実際にウサギが捕獲されたところを見たわけではないが、そうやって山を登りきった後で、事前に調理部員が用意した熱々の豚汁を山頂でおにぎりといっしょに食べるという、実に牧歌的な行事だった。実は何羽かウサギが捕まったので、こっそり先生たちが耳だけ切り取って売りはらったのだ、という噂がまことしやかに伝わってくることもあった。頂上で食べた豚汁が実にまずかったことは、鮮明に覚えている。

グループカウンセリングで語る女性たちは、まるでウサギのように遠巻きに生活のすべてが母に包囲され、どの方向に逃げてもその網の目からは逃れられないようになっていた。包囲網はしだいに狭まり、追い込まれた先には受験に合格するという目的しかなかった。私たちは棒で木の枝を叩きながらウサギを追い込んでいったが、娘たちは母の言葉によって巧みに追い込まれる。生活時間の管理は、睡眠や食事、休憩、入浴にまで及ぶ。

「むき出し」感

最近子育て雑誌の多くは受験対策を特集しており、堅実な売り上げを誇っている。巻頭のカラー頁には、中高一貫の名門校に合格した子どもとその両親が晴れやかな顔をして写っている。欄外には父親と母親の出身校と職業が掲載されている。まるでオリンピック金メダル受賞後の家族写真のようだ。私が抵抗をおぼえるのは、「家族ぐるみ」の戦いが既成事実化しており、親の学歴を誇示し、勝者といってもまだ12歳そこそこの子どもを顔出しで掲載するというその「むき出し」感である。

教育虐待の被害を語る彼女たちは、2008年当時アラフォーと呼ばれ、この年はすでに述べた母娘問題の第三期の始まりにあたる。その母親は団塊世代が中心で、この組み合わせが母娘問題の中核群であるというのが本書の基本的認識である。娘たちが受験期を過ごしたのは1980年代半ばから90年代にかけてであり、その母たちは30代から40代前半だったろう。

受験をめぐるどこか異様な空気感については、経験したことのない人間には理解できないようだ。冒頭の事件だけではなく、99年には幼稚園受験をめぐるママ友間の軋轢《あつれき》が背景とされる音羽幼女殺害事件も起きている。子どもに鉢巻きをさせ、正月特訓などと追い込む塾の様子はセンセーショナルに表面化しているが、家族の中でどんなことが起きているかはなかなか見えにくい。母たちの姿は、ここまで言うかというほどに「むき出し」感が満載なのである。

ミエコさんは、生まれたときから将来ピアニストになるしかないと定められていた。母親は、下校後のスケジュールを厳密に決めていた。分刻みに定められたうえに、それが実行できたかどうかがチェックされ、毎週その結果に基づいて母は新たなスケジュールを作成した。食堂のテーブルに向かってその作業に熱中しているときの母の姿は鬼気迫るものがあった。

スケジュールが守れないと、ミエコさんは容赦なく叩かれた。痛いと叫ぶことも許されなかったので、ひたすら無表情のままで嵐が過ぎ去るのを待った。

ポップミュージックを聞くことは許されず、クラシック音楽だけを聞くように強制された。マンガを読んだりテレビを見たりすることは週に1日だけしか許可されず、チュッパチャプスといったお菓子も買ってもらえなかった。だから友達もなかなかできなかった。

殴りながら二言目には「習いたくても習えなかった私に比べればなんて幸せなのか、

ありがたみがわかっていない」と怒鳴られ、「ピアニストになるにはこんなもんじゃだめだ」と監視された。小学校4年になると、芸大に入るにはお勉強もできなければと、さらに塾通いが増えた。ピアノの練習も加えると、睡眠時間は6時間を切るほどだった。

「ふつうでいちゃいけないの、ふつうでいたら生きてる価値がないんだから」とつぶやく母の目は、子ども心にも正気を失っているように見えた。たった一つの息抜きは、飼っていた猫をこっそりいじめることだった。

これらを振り返ってミエコさんは毎回こう語った。「今なら迷わず児童相談所に駆け込みますよ、でも当時は母が私のためにつくったスケジュールなんだから、それを守れない私が悪いんだと自分を責めるしかありませんでした」

手首の傷痕より深いものは

マユさんは、母親が憧れてきた女子中学校に入るように、幼いころからずっと言われ続けてきた。「あの制服のデザイン、なんて品がいいんだろう」、母はうっとりした顔でいつも語った。テレビに出ている女子アナがあそこ出身なのよ、と言い、東大の合格発表があると週刊誌を買ってきてその学校が20位以内に入っていることを確認し、赤線を引いてマユさんに見せた。

「公文《くもん》に行って水泳教室に通って、小学校4年から進学塾に入るのよ。あの制服を着てるマユが見たいわ、近所の○○さんなんかそれ見たらどんな顔するかしらね。いつもうちのことをバカにしてるからびっくりするんじゃない。だって○○さんの息子、近所のバカ学校にしか行けなかったのよ、もう顔つきが違うわ……」お風呂に入りながら母の話は止まることを知らなかった。

「並みの成績とったら人生どうなるか、落ちこぼれのみじめさは○○さん見ればわかるでしょ。ああやってぶらぶらして人のあら探しする人生よ、そんな風になっちゃうのよ、勉強しないと。そして最後はホームレスだからね、いい、わかった？　ちょっとでも気を許したら落ちるばっかりだからね、そうなったらおしまいなのよ」

小学校4年になったら母の予告どおりの生活が始まった。家庭教師が週2回、塾が週3回という毎日で、日曜は模試を受けなければならなかった。塾の帰りの山手線で、試験で間違えた算数問題を母から厳しく責められ、鉛筆で計算し直していたら涙が止まらなくなった。子どもごころにつらくてたまらず、疲れと情けなさからポタポタ涙を流し続けていたら、正面の席に座っていた女性が心底かわいそうだという目つきでマユさんを眺めていたことを覚えている。

余暇や遊び、テレビなどは許されず、母親は「つばを呑み込む暇があれば漢字を覚えなさい」と言った。

何より怖かったのは模試の点数と偏差値が母の目標を達成できなかったときだ。部屋に閉じ込められてまず詰問される。「何を反省してるの、なぜできなかったの？　どこが足りなかったの」と延々問い詰められ、答えられずにいると「上を向きなさい」とうつむくことを禁じられ、ほおを何発か叩かれる。それでも怒りの治まらない母親は自分の声に興奮して、マユさんを床に押し倒して蹴り、髪をつかんで引きずった。翌日はぐったりしながらも学校を休むことも許されず登校するのだった。

母の学歴はのちに高卒であることがわかったが、クラスで優秀だったのに母親（マユさんの祖母）のせいで大学には行けなかったという。母の語りはいつもその口惜《くや》しさから始まった。しかしがんばって有名デパートに勤めることができ、入社試験が1番だったので紳士服売り場に配属された、そして顧客だった時計店経営の父に見そめられて結婚する羽目になった。当時はけっこうはやっていたが、そのうちデジタル時計が登場し、みるみる売り上げが落ちてしまったのに、3代目だった父親はなすすべもなく手をこまねいているだけだった。

埃だらけのショーウィンドウの中に何年も飾ったままの時計は、プライドだけ高くて何も努力せず、母の横暴を放置してキャバクラ通いに専念している父そのものに見えた。マユさんは第一希望に入れなかった。それどころか滑り止めの中学にも落ちて、結局近所の公立中学に入学するしかなかった。

本当の地獄はそれからだった。受験勉強中の母親からの暴力はまだましに思えるほどだった。不思議なことにその母親に父までも協力するようになった。母は「あんたの人生、終わったね」「塾代どれくらいかかったのかわかってんの？」「返済しなさいよ、ごくつぶし」「もう一家そろって表を歩けないよ、恥ずかしくて」「なんでのうのうとしてられるんだ、恥ずかしくないのか」「あんたの取柄はなんなの？　バカでブスで」と罵り、父親も共通の標的ができてほっとしたのか、母の尻馬に乗るかのように廊下ですれ違いざまに脇腹を小突いた。さすがに抵抗しようとすると「ブスが怒るとどうしようもない、ホッホッホ」と口をすぼめて笑った。

中2から不登校になったマユさんは、「うちの遺伝子からこんな子どもは生まれるはずがない」と責められ、「精神科病院に入れるしかない」と宣言された。あなたたちの血筋からこんな精神障害者が生まれた、という事実を両親に向かって突きつけるために、25歳まで引きこもり、時には叫び、暴れて家具を破壊したマユさんは、インターネットで救われた。ブログを書き自分の経験を笑いのめすマンガを書くことで、多くの仲間ができたのだ。現在ではコミケを通じて作品を買ってくれる人も多く、アルバイトもできるようになった。

左の腕に無数に残るリストカットの痕も生々しいが、マユさんにとっては、母と父から刷り込まれた「ふつうであってはいけない」「世の中にはバカとホームレスと、エリートしかいない」という考え方の痕跡から脱却するほうがはるかに難しいことだった。

教育虐待はありふれている

登場した二人の女性が特殊なわけではなく、おそらくキャリア女性の多くはこれに類した経験をしているのではないだろうか。母の希望どおりに歩めずに多くの問題を抱えるようになったからこそ、幸運にも彼女たちは受験にまつわる虐待を第三者に語る機会を得たのである。期待どおりに進学・就職した女性たちは、「母のおかげで」「母があそこまでやってくれたから」と考え、自らの経験を「虐待」などと定義しないようにする。しかし多くの記憶は時間が止まり凍り付いたように残り続け、ときどきフラッシュバックする。もう一つ重要な点は、マユさんのように母から植え付けられた「低学歴で頭が悪い」存在は価値がない、という強烈な差別意識である。

多くの親は子どもを受験の勝者とするためにさまざまな戦略を練り、なぜ勉強しなければならないかの説明言語を用意する。そこにはいささかの差別観がひそんでいる。だからこそ、理想や幸福、やりたいことを実現させるといった価値を強調するのだ。ところが本章に登場した女性たちの母は、成績が悪いことは頭が悪いこと、バカは生きる価値がない、あんたはそうなりたいのか、といったむき出しの言葉を娘に吐き出すのだ。恥ずかしげもなく、時には陶然として憎悪と差別の言葉を娘に向かって口にする母たちの姿に触れると、息が詰まる思いがする。

生きる価値のない人間が存在するという考えは、優生思想そのものではないだろうか。不幸な事件や戦争を経験することで、私たちはどのような人間にも生きる価値があるというヒューマニズムの原則だけは死守してきたはずだ。にもかかわらず、多くの母たちがあっけらかんと差別を肯定し、勝者になることにしか価値がないと娘に伝えている。いったいなぜか、その理由を考えてみよう。

彼女たちは「女としての価値」の無意味さを知ってしまった。結婚という幸せ、女の幸福、女らしさといった言葉は何の幸せも保証しなかった、母たちはそう実感したのである。だから無意味な価値をかなぐり捨てて、一番確実な価値、つまりむき出しの競争論理（男と同じ）に身を投じようとした、そう思える。それも同性である娘を身代わりとして。もしそうであるなら、娘には息子よりはるかに苛烈な教育虐待が行われただろう。

殴る蹴るは珍しくなく、中には勉強させようと足に鎖を巻いていた母もいた。しかし身体的暴力だけが教育虐待ではない。もっとも恐ろしいのは、抹殺され、存在を否定されてもいい人間がいるという考え、つまり深い差別意識を植え付けることである。これこそ教育虐待の本質だと思う。

13　娘としての団塊女性たち

母親像にひびが入る5つのポイント

娘から見た母親像は、最初からグロテスクで残酷だったわけではない。ある年齢までは、母は受難の人として理想化されることが多い。ではどこで転換するのか、本章ではそれについて述べよう。

一人の女性の一生において母娘問題が表面化しやすいきっかけ、ポイントを5つ挙げる。わかりやすく言えば、それまで信じてきた母の愛や美しい母親像にひびが入るときのことである。

①思春期：小学校高学年から始まる第二次性徴期に伴って、秘密をつくったり親の目の届かない世界を形成し始めることによって母との衝突や拒否などが生まれる。それは親からは問題行動ととらえられ、外部に向かえば非行や暴力となり、内向すれば心理的問題行動（不登校やリストカット、摂食障害など）となる。多くの精神的疾病の端緒が

思春期に見られることはよく知られている。
②原家族離脱期（就職・進学など）：家族から名実ともに離れることで、母からの監視や圧力が相対的に低下し、新しい家族や人間関係に触れるようになる。空気のように当たり前と思っていた世界を外部から把握することで、自分を縛っていたルールや内面化していた母親の愛や思いやりが相対化でき、堅固だった母親像が崩れる。
③結婚：配偶者選択に対する母の態度によって、母の価値観を突き付けられる。娘の幸せの邪魔をする、自分の思いどおりの結婚じゃないと許さない、娘の配偶者と同盟を結び娘を貶《おとし》めるといった行動を目の当たりにすることもある。また夫の家族を知ることで、母親の偏りが明確になる。
④出産・育児：子どもを育てながら合わせ鏡のように母の育児態度が思い出される。なぜ母はあのような態度がとれたのだろうとか、いやだと思いながら母と同じ口調で叱ってしまうなど。出産後の母の否定的・批判的態度によって限界をおぼえることもある。
⑤介護：それまでは距離がとれていたが、転倒や病気、認知症などがきっかけで母親に介護が必要となり、これまで自覚していなかった母への感情が表面化する。母の身体に触れられない、介護施設に行く前日から全身に痛みが走る、2時間ほど母と会うと、帰宅後3日も起き上がれないほど疲れてしまう、といった女性たちもいる。

高齢化社会がもたらした変化

上記の5つのポイントを説明する際、高速道路のインター出口という比喩を用いるようにしている。そもそも高速道路とは母の敷いた路線なのだが、そのことは「あなたのために」という常套句によって不可視にされている。道路を走り始めて、早々に思春期という最初のインター出口から降りる人もいるが、結婚・出産後に子どもの問題（たとえば不登校や摂食障害）をきっかけとして④の出口にたどりつく人もいる。そもそも高速道路という比喩が成立するのは、母が敷いた路線であるという前提に加えて、母と娘の関係が長期間維持されなければならなくなったからである。ますます進行するばかりの高齢化社会＝母の長寿化そのものが、5つものインター出口を必要としているのではないだろうか。

1980年代までは、長寿とは80歳超えのことを指していた。高速道路は今よりずっと短かったのである。私が小学生のときに母方の祖母が69歳で亡くなった。末っ子だった母は祖母の死を嘆き悲しんだが、50年代にはそれは寿命だとされた。当時女の寿命はせいぜい70年だったとすれば、それから高速道路の長さは1・2倍近くも延びたことになる。距離が短ければインターで降りる必要もなく、あっという間に道路は終わることになる。中にはもっと走りたいと思う女性もいたかもしれないが、当時の女性にとって結婚は強制的な実家からの離脱を意味した。いくら母が長命だったとしても、③によって半強制的にインター出口を下りなければならなかったのである。

非婚化と非正規雇用者の増加による実家への経済的依存の増大などによって、②③④の果たす役割が有名無実化する。娘たちは長い高速道路を走らざるを得なくなり、インターの出口はなかなか現れない。疲れてしまってもサービスエリアで休憩することもできない。その時初めて、いったいなぜ高速道路を走っているのか、そもそもこの高速道路の成り立ちや構造はどんなものなのか、との問いが生まれるのである。

100歳近い母と団塊世代の娘

さて、改めて上記の⑤について述べよう。

老老介護という言葉は、高齢の夫婦が配偶者を介護することを指す場合が多いが、現実には60～70代の団塊世代の娘（時には息子）が100歳近い母を介護するという例が増加している。

2017年の調査によれば、全国で100歳以上の高齢者は6万7824人と過去最高を記録した。そのうち女性が9割近くを占めている。かつては敬老の日のテレビニュースは、知事が100歳を超えた高齢者にお祝いの言葉を伝える姿が流されるのが定番だったが、今では110歳を超えなければ珍しくなくなってしまった。総理大臣から贈られるお祝いの銀杯も、16年からは純銀製から銀メッキになったという。

さて近年活字離れが著しいと言われるが、中でも雑誌の販売部数の落ち込みは激しく廃刊になるものも珍しくない。そんな中で気を吐いているのが50代以上の女性を対象としたいくつかの雑誌である。まだまだインターネットより活字に親和性を抱き、スマホには距離感をもっている彼女たちは、雑誌の最大の購買層なのである。テーマとしては、健康やボケ防止が相変わらずの人気を誇っているが、家族関係も大きなテーマである。仕事柄、何度かそんな雑誌のインタビューを受ける機会があった。かつては嫁姑問題や夫の家事参加といったテーマだったが、近年は母親の介護の問題へと重心が移りつつある。

先日も某誌の読者アンケートを見る機会があったが、そこには日ごろのカウンセリングであまり見聞きしない光景が広がっていた。もちろん活字に慣れ親しみ読者アンケートにも回答するだけの知性と経済的基盤をもった女性たちという限定つきではあるが、声を上げる彼女たちの背後には同じ苦しみを抱えた膨大な数の人たちが存在するはずだ。冒頭で述べた介護＝⑤のポイントに、多くの団塊女性たちは直面しているのだった。

そのアンケートに登場する娘としての団塊女性たちは、ほとんどが60代で、中には70代の女性もいる。母親の年齢は80代後半から100歳までで、多くは施設に入所せず在宅で同居している。

85歳の母の宣言

67歳のヒサコさんは一人娘だった。夫の両親は10年以上前に相次いで他界し、二人の娘はそれぞれ結婚し海外に住んでいる。孫も3人生まれ、年に1回帰国する娘たち一家と会うのが大きな楽しみである。夫は定年退職を機に、ヒサコさんの実家の敷地内に住むことに同意した。

X市で米軍相手の飲食店を経営していた父と、洋画家だった父親（祖父）に溺愛されて育った母は結婚した。父の女性関係のトラブルで口論の絶えない両親だったが、ヒサコさんが小学校5年の時に店は倒産し、父の隠し子の存在も判明して両親は離婚した。母は必死で洋装店を立ち上げ、ヒサコさんが高校を卒業するころには都内とX市に3店舗を経営するまでになった。離婚することで経営手腕に目覚めた母は、いっぽうで堰を切ったように次々と若い男性との交際を始めた。服装や態度まで変わった母を見ても、離婚後の苦労を知っていたヒサコさんは責める気にもならず、大学卒業後は母に言われるままに「堅い仕事」に就いた。女子大卒の就職は珍しかったが、母の肝いりで大手商社の社長秘書として就職した。

社長から仕事ぶりが評価され、同じ会社に勤務する5歳年上の夫を紹介されて結婚することになった。母と離れて生活するのは不安だと訴えると、「世界中のどこに行っても母親は私しかいないんだから」と言われた。のちに同じ言葉を聞くことになるのだが、ヒサコさんは夫の勤務地である海外を転々としながら、二人の娘を出産し必死で育児に励んだ。母は、気が向くと1週間くらい時間をつくってヒサコさん宅を訪れた。娘たちと遊ぶ間もなく観光に飛び回る母を、夫は自立した女性だとほめた。のちに振り返ると、そのころが一番母とは穏やかな関係だった。遠く離れていて会う回数も少なく、母には愛人がいたからだ。

下の娘を日本の中学校に入学させるために、45歳になったヒサコさんは日本に帰国した。驚いたことに、久々に会った母は酒臭く、呂律《ろれつ》も回らない状態だった。聞けば、長年同棲していた10歳年下の愛人が家を出て行き、高価な宝石や絵画などを知らないうちに持ち出していたという。ショックから食事も摂れなくなった母は精神科で処方された薬を常用し、酒もいっしょに飲んで記憶を失うまで荒れるようになった。70歳を目前にした母は、失禁を繰り返し、自宅は荒れ放題だった。その後の10年間、ヒサコさんは娘の受験と母の処方薬とアルコール乱用の対応に忙殺された。幸い女性の依存症治療に取り組んでいる医療機関につながることができ、母は酒と薬を断つことができた。店の経営は後継者に譲り、祖父の残した海辺の高台にあるアトリエに転居することになった。引っ越しを終えた母は、ベランダから海を眺めながら力強い声で宣言した。「これからが第三の人生よ！」

なぜか日に日に若返る高齢母たち

その言葉どおり、母は駅までのなだらかな坂道を万歩計をつけて毎日往復し、料理教室に通い、カルチャーセンターでは物足りないと通信制大学に入って政治学を学んだ。娘が結婚して抜け殻のようになったヒサコさんと正反対に、母は日々若返っていくようだった。依存症で手もつけられない状態だった10年間が嘘のように、脳は賦活《ふかつ》し記憶力はよみがえった。スマホもあっというまに覚えた母を最初はうれしく思い、やっぱりすごい人だと尊敬の念さえ抱いた。周囲からの意見もあり、どうせ一人娘の自分がめんどうを見るのなら夫の定年退職がチャンスだ、完全同居より隣に小さな平屋を建てて毎日行き来すればいい、食事は三食いっしょにというヒサコさんのプランに夫も同意して、母85歳ヒサコさん62歳で始まったのが現在の生活である。

ところが最初の1週間で歯車が狂った。合鍵を持っている母は、ヒサコさんがまだ眠っている朝5時半に勝手に家に上がり込み朝食をつくった。耳が遠いので大音響でテレビをつけ、外国語講座を聞く。夜型のヒサコさんはなかなか起きられないのだが、あまりの騒音に目が覚めてしまう。夫は気にならないというがヒサコさんはイライラが募った。昼食をつくると、味付けや盛り付けにひとしきり文句をつけ、「本当にパリに住んでたのかしら?」と皮肉を言い、自分の習った料理教室の流儀を細かに伝授するのだった。ヒサコさんがあまり運動好きではないことを知っているはずなのに、しつこく歩け歩けと勧める。そんな生活態度を続けると、近いうちに血糖値や血圧、コレステロール値に異常が出るに違いないと断言する。しかたなく半ば思いやりでいっしょに駅まで歩いたのだが、驚くことに母のほうが足が速かった。すたすたと歩く姿をうしろから追いかけながら、途中で息があがってしまう自分がいやになった。

1週間が過ぎるころ、自分がとんでもない思い違いをしていたのではないかと思った。老いによる体力と記憶力の低下や気力の減衰を心配し、少しでも自分が力になれればと考えていたのだが、とんでもなかった。体力の低下を心配し娘を叱咤激励するのは母のほうだった。

母は何を殺害しようとしているのか

その後ヒサコさんは最初の約束事をいくつか変更した。朝は7時過ぎに訪問してほしい、昼食は別にする、夫の生活にまで口を挟まないでほしいと。母は大きくうなずいて言った。「いいわよ、あなたも自分の生活があるからね。でもいったい何を目的にして生活してるの？　暇つぶしばかりじゃないの？　これからの長い人生どうやって有意義に生きたらいいか考えたことがあるの？」

まるで勉強をさぼっている小学生の娘に説教するようなこの口調はなんだろう。この人は、娘が結婚してからずっと海外生活を送りながらどれだけ苦労してきたのかを知らないのだろうか。そう思いながらも、ヒサコさんは正面切って反論することだけはなんとか抑えた。むきになれば、必ず母はそんな娘の余裕のなさを批判し「もっと政治学とディベートを勉強すれば私を論破できるのにね」と哄笑するに違いなかった。

週3日の子会社勤務と通訳ボランティアを週2回という夫は、昼間は不在だったが夕食は必ず3人で食べた。そのときだけヒサコさんは息抜きができた。自分の母とこうやって半同居をしてくれている夫に、感謝しこそすれ母について苦情を訴えることはできなかった。

一番の苦痛は、夫が自宅に戻った後、食器の片づけから始まる長い夜だった。10時に就寝する母は、入浴までの1時間半、離別した夫への恨みと批判、自分をだまして裏切った愛人への怒りを語り続けた。年寄りの愚痴と笑って済ませるような低レベルの話ではなく、継ぎ目のない語りはどんどんディテールの再現性を増すのだった。時には性的な内容にまで踏み込む母をさすがに拒もうとすると、「ヒサコの母は世界中で私一人なのよ、あなたを生んだ私が言うんだから間違いないの。でもね、残念ながらあの男のDNAが組み込まれていることだけは忘れちゃだめよ」とぴしっと封殺されてしまう。こころの中でヒサコさんは思った。

「愛人の話ならまだしも、父の話は平然と聞いていられない。たしかにひどい父だった。母だけではない、父は私という娘も捨てたのだ。その憤りでなんとかその存在をなきものとして今日まで生きてきたのに、この年になってなぜ毎晩のように父について聞かされなければならないのだろう。まるで底なし沼の汚泥のような話だ、私の身体のどこかを占領している父のＤＮＡを、こうやって毎晩のように攻撃することで殺害しようとしているのだろうか。父が憎いのか、私が憎いのか、どちらなのかわからなくなる……でもひょっとしてこの人は、本当はいまだに父に執着し続けているのではないのだろうか」

いつまでこのような日々が続くのか

ヒサコさんと似たような苦しみを訴える女性たちの文章を読みながら、１００歳に手が届こうという母たちに「穏やかな老後」などないと思った。彼女たちの異様とも思えるエネルギーは、娘たちを凌駕することから生まれるのかもしれない。まるでハイエナのように娘を虐げる母は、都合のいいときだけ老いをちらつかせるものの、主導権と優位性を譲ろうとはしない。娘たちは圧倒的に不利な状況に置かれている。そんな母を断ち切り拒絶することは、世界を敵に回すにもひとしいからだ。おそらく母たちはどこかで老いを明確に意識するがゆえに、それを否認し残照にもひとしい残されたパワーにしがみつく。認知症の母の介護はわかりやすい困難さであるが、その背後に隠れがちなのが、ヒサコさんの母のような諸能力を保持したままで高齢を迎える母との付き合い方である。娘が介護役割から降りることは許されるだろうが、90歳を超えても元気なら、そんな母を捨てることはできないのだ。母から離れられないそんな状態は、どこかＤＶ被害者が夫のもとを去れないのと似ている。

冒頭に述べた⑤は、このような母も含むことで、①～④に勝るとも劣らない困難なポイントなのである。高速道路を降りることは母の死によってしかもたらされないからだ。

ヒサコさんは現在抗うつ薬を服用しながら生活している。そのことは母に秘密にしなければならない。どのように批判されるかわからないからだ。振り返ってみれば、一度も母に正面から反論・抵抗したことはなかった。母によって生きるエネルギーを奪われていく感覚を覚えながら、いつまでこのような日々が続くのかとヒサコさんは思っている。

14　孫によって延命する祖母

「皆婚社会の終わり」

ここまで、母娘関係という問題をさまざまな角度からとらえようと試みてきた。心理的個人的な視点に偏ることを極力避け、歴史的社会的に考えようと心掛けてきた。団塊世代の女性を切り口にしたのは、私自身がその年齢にあることに加えて、彼女たちを定点とすることで、団塊世代の女性とその娘（団塊ジュニア世代）との関係、さらには90歳超えも珍しくない長寿化する母との関係がどうなっているかを照射するためである。

書きすすめるにしたがって、団塊世代が歴史的にどれほど特異だったかを再認識することになった。私たちが「ふつう」「標準」ととらえていた家族像は現実とのずれが大きくなっているはずなのに、なぜか亡霊のように現在もなお生き続けて多くの人を縛っていることも見えてきた。かつての経済大国の栄光を忘れることができず、あのころの勢いを取り戻すことは無理だという事実を認めることができず、「夢よもう一度」と号令をかけ続ける姿と、それはつながっているような気がする。標準家族に適合する世帯などほんの一部にすぎなくなっているにもかかわらず、自分たちはふつうで中流であると思い込もうとして日々を生きているのである。

誰もが結婚し、結婚したら必ず子どもが生まれるはずという思い込みは、中流幻想と標準家族像への信奉に通じる。そう考えると、今の時代に息子や娘が結婚しており、さらに孫が存在していることはかなり希少であると言わざるをえないだろう。この章ではその孫について、母娘関係とのつながりで述べてみたい。

ここで団塊世代が形成した家族について少しふりかえってみよう。1970年代になだれ込むように結婚した彼ら彼女たちの家族はニューファミリーといわれ、専業主婦率がもっとも高く、全世帯において核家族の占める割合も75年には63・9％と最高値を示した。女性たちを結婚へと駆動したのが、何度も触れてきたロマンティック・ラブ・イデオロギー（RLI）である。また子どもの数も二人が基本となり、これが「二人っ子社会」といわれる標準家族像につながっていった。

縄田康光「歴史的に見た日本の人口と家族」（参議院事務局「立法と調査」260号，2006）によれば、江戸末期の都市部の男性有配偶者率は5割前後であり、現代の東京のそれとそれほど変わらない。江戸時代も今も、都市部では約半数の男性が結婚できなかったのである。また近年顕著な婚姻率の低下から、同論文では「皆婚社会の終わり」

を指摘し、次の三つの傾向を挙げている。①結婚するまでは実家を離れないという傾向、②その延長として実家にとどまり続ける未婚者の増加、③結婚した者はゆるやかな直系家族を形成する傾向、である。②と③を分かつ要因は経済的条件であり、経済力のある男性は結婚して、夫婦どちらかの実家の周辺に住むことになる。経済力のない男性（女性）は男女ともに実家にとどまり続けることになるのである。

「ゆるやかな」直系家族とは、いずれの場合も、子どもたちが実家の周辺から離れないことを指すのだろう。スープの冷めない距離に息子（娘）夫婦が住み、子どもが生まれれば孫の世話に祖父母がかかわり、頻繁に行き来する。保育所の不足がいっそうこの傾向に拍車をかけている。

こうして日本は一見夫婦単位の家族の外見を保ちつつ、実際は親子関係中心でゆるやかな直系家族の伝統を引き継いでいるように思われる。それに加えて、親世代の経済力が子世代のそれを上回っているという点も重要だ。相対的に豊かな母親と息子（娘）が決定的に独立しないままに近い距離に生活し続ける。これらが母娘という問題系が登場した要因になっているのではないだろうか。

虫のいい要求

母との関係に苦しむ30代の女性たちが決まって口にするエピソードがある。60代の母親が同窓会に出席したあと必ず機嫌が悪くなるのだという。

「友達はみーんな携帯の待ち受け画面が孫の顔なの、男も女もよ……」「もうこれから同窓会に出るのはやめることにしたわ……」こう言って大きなため息をつき、娘の顔を恨めし気に見上げるのだ。

彼女たちはそう語りながら憤懣《ふんまん》やるかたないという顔をする。「だって仕事に男も女もないでしょ、って言ってきたのは母親なんですから」「仕事で頑張っている私を応援するって言ってたのに、ここにきて急に孫の顔が見たいなんて、どうしたらいいんだか」

一流大学に通う娘を誇り、有名企業に就職してバリバリ働く姿を応援してきた母親は、娘の年齢が30歳を超え出産上限年齢に近づくにつれて、微妙にその要求内容を変化させる。専業主婦であるがゆえに味わったみじめさを娘には味わわせまいとして、とにかく経済力をつける、できれば医師・弁護士といった資格を取得するように進路を誘導してきた母たちは、仕事も結婚も、そして孫を出産することも巧妙に強いるのだ。あからさまな強制ではなく、「母の期待に沿ってあげられない私って駄目な娘だ」「孫の顔も見せてあげられない私って」と娘の自己責任意識を刺激するように行われる。なんて虫のいい要求なんだろうと思いつつも、面と向かうと母には何も言えず、そんな自分に腹が立つ娘たちなのだ。母は若さ以外では、娘をはるかに凌駕しているのだ。

股裂き状態から婚活まで

90年代の初めだったろうか、摂食障害の女性たちが口々に訴えていたのは「母の要求は私を股裂き状態にするんです」ということだった。男に伍して競争社会に参入してエリートになれという要求と、結婚・出産という女の幸せを手に入れろという二つの要求が時には二律背反になってしまうことを、母たちはほとんど理解できなかった。「どうしてでしょうか、それって当たり前のことじゃないですか」とあっけらかんと語る母親たちに会うたびに、食べ吐きを繰り返して痩せていく摂食障害の女性たちの気持ちがわかるような気がしたのである。あれから25年以上が過ぎ、一部の女性たちに先鋭化して表現されていた股裂き状態は、婚活という女性の側の積極的行為として読み換えられるようになっている。人生を勝者として生き抜くためには、仕事と結婚、そして妊娠・出産というアイテムをすべて獲得する必要があるのだ。

結婚とはかつてのような人生のあがりではなく、ゲットすべき最大の駒の一つなのである。そこからは二律背反的股裂き状態という悲劇性はなくなったかに見えるが、果たしてそうだろうか。プラス思考でノリのいい婚活と、経済的余裕のある女性の不妊治療への取り組みは、かえって女性内部の格差を明らかにしたように思う。シングルマザーや非正規雇用女性の貧困化はさまざまな媒体によって指摘されているが、彼女たちの中には、経済的依存に伴う母との関係を忌避するためにあえて実家に頼らない選択をする女性も多い。金銭的援助を受けながら親子関係の距離を保つのは至難の業だからだ。

孫という存在をめぐって

マスコミの取材を受ける機会は多いが、たいてい聞かれるのは「最近どんな問題が増えてますか」である。もちろん母娘問題は２００８年顕在化して以来、娘の立場から、そして時には母として、カウンセリングに来談する人は数多い。そして来談者の年齢が少しずつ高くなっている点も特徴である。私自身が70歳を超えたのでそれほど違和感がないのだが、来談者の年齢を見ると40代は若いほうで、50代以上が過半数を占めている。60～70代の母親が40代で同居中の息子の引きこもりで来談することは珍しくなく、時には前章で述べたような60代の娘が90歳を超える母のことで来談する例もある。そして近年増えつつあるのが孫の問題である。孫をめぐる問題はいくつかに分かれる。

孫の不登校の問題で、娘が仕事で相談に来られないため、60代の祖母が来談する。嫁の育児態度に不安を抱き、孫が心配なので来談したという女性、40代の娘が離婚して子どもとともに実家に戻ってきたが、孫にひどい体罰を加えるのを見てカウンセリングにやってきた女性……といった具合である。彼女たちは、祖母の立場から孫の問題に困って来談しているのだが、そこには孫の親である娘や息子との関係が大きく影響している。

もう一つは、母親と距離を取ることでなんとか自分の生活を確立して平和裡に暮らしていた娘が、子どもが誕生し成長することで、孫と祖母という関係が生じ、新たな混乱が生まれたことで来談する場合である。一人の女性の例を挙げてみる。

よみがえる記憶

45歳のミユキさんは、高校2年の息子と二人で暮らしている。夫の不倫が原因で10年前に離婚したのだ。今は前夫から息子のために送られてくる養育費と福祉系の仕事で生計を立てている。西日本に住む72歳の母親とは息子の誕生後連絡を絶った。夫がシンガポール長期出張だったため里帰り出産をしたのだが、休まるどころかことあるごとに母はミユキさんを批判し、家事をミユキさんに任せて自分は息抜きに映画を見に行く有様だった。最後は「母性愛が足りないんじゃないか、孫を置いてあんただけ帰りなさい」と言われ、恐ろしくなって産後2週間で飛行機を予約して自宅に戻った。

その後は一人で育児に奮闘したが、どんどん身体が動かなくなり、授乳をしながら息子にふっと殺意が湧くようになった。

それと並行して、母からどのように育てられたかを次々と思い出した。経済的には裕福だったが、父はしょっちゅう母を殴っていた。入浴するたびに母の身体のあざを見なければならなかったこと、風呂場の洗面器に洗い残された血の赤い色、突然母の帯締めで首を絞められたこと、母の関心を引きたくて小学校低学年時に友達の家からお金を何度も盗んだこと。これらをはっきりと思い出したのである。

とにかく離れよう

帰国した夫が、あまりに不安定な痩せた妻を見て実家の母に連絡をとろうとした。しかし半狂乱になってそれを阻止しようとする妻の姿に何かを感じたのだろうか、夫は妻に心療内科を受診させることにした。ミユキさんは、母親が息子を奪いにくるのではないかと恐れた。自分が精神的に不安定になれば、養育者として不適切だと言われるのではないかと恐れた。主治医はそれを妄想状態とは判断せず、むしろ息子を保育園に入れて休息時間をとるように勧めた。そのために、パニック発作とうつ病の治療中であるという診断書を書いてくれた。夫も仕事をかなり犠牲にしてさまざまな手を尽くし、夜間の授乳も不眠不休で助けてくれた。夫が探してきた虐待問題にくわしいカウンセラーとの関係は、今日までずっと続いている。ミユキさんの怯えや恐怖があまりに強いので、夫も同伴してカウンセラーの紹介による弁護士にも相談してみたが、実母に対する接近禁止の措置はあまり例がない、よほどひどい虐待の証拠がなければ無理かもしれないと言われた。

幸運にも、同じ時期に夫が東北に転勤することになった。それをきっかけにミユキさんは母親に手紙を書くことにした。思い出した記憶の数々、少し不安定なのでしばらく連絡を絶ちたい、再度連絡をとるまで自分たちを探さないでほしいという内容は、カウンセラーと相談し、主治医も同意したものだった。

母はそれを理解したのか連絡はなく、新しい場所でミユキさんはすっかり落ち着きを取り戻した。ところが皮肉なことに、それを待っていたかのように夫に愛人ができた。数年の泥沼のような離婚調停もなんとか乗り越え、福祉系の資格を取得して息子と二人で首都圏に戻ってきた。再婚した前夫は東北に残り、ミユキさんは息子を大学まで進学させることを目的に、高齢者の施設で働くことにした。

不気味な封書

ある日封書が届いた。見覚えのある字にミユキさんの手が震えた。母の字に違いない。なぜこの住所を母は知っているのか、封書の内容は何なのか。動悸《どうき》が速まり冷や汗が出た。ああ、このままではパニック発作が再発してしまう。ミユキさんは久々にカウンセラーと連絡を取り、会うことにした。一人では封書を開ける勇気はなかった。

翌日カウンセラーといっしょに開いた封書には、「孫の進学のためにお金を送りたい、ついては一度会いたい」と書いてあった。驚いたのは、ずいぶん背が高くなって部活も頑張っていますね、といった文面から、ミユキさんたちの生活を遠巻きに観察している様子がうかがえたことだ。蒼白になったミユキさんは、動揺して再び転居しなければと口走ってしまったが、カウンセラーに言われてなんとか落ち着くことができた。

その後、母は前夫を通してミユキさんと息子に関する情報をすべて手に入れていたことがわかった。前夫の転勤先もすべてわかっているのだから、元気な母にとっては新幹線で前夫に会いに行き、娘から縁を切られたかわいそうな母を演じて同情を引くくらいなんでもなかっただろう。現住所もとっくに把握し、息子の学校にも足を運んだりしているのかもしれない、今この瞬間も、親子二人のささやかなマンションの近くに息をひそめて窓を見つめているのかもしれない。考えるだに恐ろしいことだが、ミユキさんは絶望的になり、あの母から逃げおおせることなど不可能なのではないかと思うのだった。

お金と血

ここまでの文章を母の立場から読めば、言いがかりをつけられて突然関係を断絶させられた母こそかわいそうと思われるかもしれない。このように、虐待・DV・ハラスメントといった閉じた親密な関係性において起きる被害の多くは、受けた側が「被害」と定義した瞬間から遡及的に記憶が組み立てられ、蘇ることになる。その内容は、行為を及ぼした側（加害者）はすでに忘れてしまっていることがほとんどであり、両者の溝は深く、なかなか埋まることはない。私が経験的に導き出したのは「加害者は加害記憶を喪失する」ということである。

ミユキさんの母は、なぜアプローチを再開したのだろう。まだまだ元気なのだから、娘を介護要員として取り込もうとしたわけではないだろう。娘のことはあきらめるとしても、孫だけは確保しておきたい。まして男児である。未来が広がった孫、自分色に染め上げる可能性を秘めた孫をなんとしてもつなぎとめておきたい。自分の血を受け継ぐ存在である孫との関係を確保すれば、たとえ自分が死んでも孫をとおして自分の一部はこの世に残り続けるのではないか。お金を渡すことくらい、延命のためには何でもない。そう考えたのではないだろうか。それほどまでに孫という存在は大きいのだ。いっぽうで、前夫は情報を与えたことを裏切りとは考えていないだろう。かつては妻の様子から義母と距離をとることが望ましいと考えたが、しょせん血を分けた母娘なのだから一刻も早く義母との和解が望ましい、息子の将来のためにも義母がお金を援助してくれれば自分も助かる、ひょっとして養育費も助かるかもしれない。そのためには息子の写真などを見せておいたほうがいいし、学校名も教えておこう、そう考えたのではないだろうか。「お金」と「血」というキーワードが実母の再登場を促し、前夫の罪悪感を帳消しにしたのである。

祖母・母・孫

ミユキさんはどのような選択をするのだろうか。似たような状況に置かれた女性たちは深く悩むのである。母からのアプローチは、今の安全で安心に満ちた生活を奪ってしまう、どれだけ経済的に苦しくても安心感のほうを選びたい。しかしその判断が、子どもの未来を奪うことになるのではないか。どんな母であっても、子どもにとっては祖母である。肉親の一人である祖母を子どもから奪ってしまっていいのか、それは自分のエゴではないのか。こう考えて彼女たちは悩み苦しみぬくのである。その末に、彼女たちは子どものために母からの援助を受けるという選択をする。自らの安心感を捨ててまでも子どもの将来を優先するのだ。金の力で孫を奪還しようとする祖母と比較するとき、母のようにはならなかった娘の姿をそこに見ることができる。

15 息子は母が重くないのか？

男性は「母と娘」をどうとらえるのか

母と娘というテーマについて、男性はどうとらえるのだろう。一番よく見られるのが女性のことはわからない、自分たちは関係ないとする態度である。もしくは女子どもの問題としてひとくくりにして矮小化し、まじめに取り合う必要などないという態度である。2008年以降このテーマをメディアでとりあげてきたのは女性たちだった。数多くの取材を受けてきた経験から、そこには自分の問題だという当事者意識が働いていたのがよくわかる。多くの取材者たちが、それとなく、時にははっきりと自分と母との関係について語るのだった。彼女たちの熱気とは対照的に、同世代や上司の男性たちが距離を保って冷めた対応を示したことが、皮肉にもこのテーマが女性ワールド特有の問題であるかのように広がる後押しとなったのである。ジェンダー間の温度差は一種の壁となって、今では固定してしまったかのように思える。いっぽうカウンセリングで「息子にとっての母はあんなもんじゃないですよ」と語る男性は多いし、1996年のアダルト・チルドレン（AC）ブーム以来、数えきれない男性たちの母との悪戦苦闘の物語を聞いてきたことも事実なのである。いつのまにか暗黙の了解となってしまったジェンダーの壁を今一度崩すためにも、母と息子の関係について、この章では映画の例をとおして考えてみたい。

二人の映画監督

2013年第63回ベルリン国際映画祭で金熊賞を獲得したのは、ルーマニア映画『私の、息子』である。監督は当時37歳のカリン・ピーター・ネッツァーで、日本では14年に公開された。旧社会主義国特有の賄賂の実態を知ることもできるが、全編にわたり、30代で高学歴無職の息子とその母親との関係が描かれている。夫を軽蔑している母親は、息子が子連れ年上の女性と同棲していることに干渉し続ける。息子はそんな母親に抵抗できないどころか、いろいろな失態を犯すたびに不本意ながら母に救われ、いよいよ無力感に包まれていく。時には母から息子への性的関心をにおわすようなシーンもあるが、ドラマチックというより日常場面が舐めるように描かれる。ハリウッド映画に慣れた日本の観客には不評だったようだが、最後の場面で息子が母親に絞り出すように語る言葉が印象的だ。

「お母さん、たった一つお願いがあるんだ」（母は無言のまま息子の次の言葉を凝視しながら待つ）

「僕が電話するまでお母さんから電話をかけないで欲しいんだ」（目を見張るような母の表情を映しながらそのまま画面は暗転しエンドロールとなる）

わからない人には何のことか理解できないかもしれないが、まるで洗脳されたかのように母への抵抗や反論を封じられてきた息子が、やっとの思いで初めて語る母への主張がこの言葉なのだ。ルーマニアは東アジアと似て家族主義の強い国だといわれるが、ラストシーンを見て「日本と同じじゃないか」と思った。娘ばかりではない、どれだけ多くの息子たちが主人公と同様、母の磁場にからめとられ、ノーと言えずに中途半端なまま生き続けているか。日常性にひそむその実態をここまでリアルに描いた映画を他に知らない。本作に金熊賞を与えたベルリン国際映画祭の審査員の慧眼《けいがん》も強調したい。

もう一人とりあげたいのは、日本でも多くのファンを魅了し続けているカナダの俊英監督グザビエ・ドランである。彼は20代にしてカンヌ映画祭の審査員に選ばれるほど、製作する作品すべてが話題を呼び、各国の映画祭で受賞することが知られている。19歳で完成させた監督デビュー作『マイ・マザー』（2009）と『Mommy／マミー』（2014）はタイトルどおり息子と母との濃密な関係を描いている。絶望的なまでに理解し合えない母との関係に苛立ちながら、いっぽうで母への思慕に突き動かされる。そこには父の不在が前提となっており、時にその葛藤が暴力となって表出される。彼は監督・脚本・出演を兼ねることでも有名で、まるで彼自身の母との関係を画面をとおして見ているかのような錯覚に襲われる。母との関係を突き詰めずにはいられないという切迫感は、その美しい容姿と溢れんばかりの才能とともに、一種の悲劇性までも感じさせるものである。

父親不在と母の対象化

母との関係を正面切って描く「母の対象化」の映画が、ルーマニアとカナダの若い監督によってつくられたという事実にさまざまな感慨を抱く。前者は日本と同じく抑圧的で支配的な母を、後者はどうしようもなくすれ違っていくにもかかわらず逞《たくま》しさと強さによって惹かれ続ける母親像を描くのだが、共通するのはそこには父親が不在であるという点だ。画面にもわずかにしか登場しない父親は、息子にとってはモデルどころか負の表象でしかない。ひたすら母の形成する世界を生きるだけの存在である息子の姿は、スウェーデンの映画監督イングマール・ベルイマンが、牧師であった父との関係に苦しみ続け、２００３年に『サラバンド』という作品にそれを集約させたのと好対照に思える。

父親不在という言葉は日本では使い古された言葉と化しているが、二人の監督のそれとはどこが違うのだろう。フロイトのエディプスコンプレックスという概念が示しているように、キリスト教を背景とした近代的個人・自我の成立という契機を経ているかどうかが大きな分岐点ではないだろうか。母から息子を切断する父がかつて存在したかどうか。それによって母親にすべての世界を覆い尽くされる息子たちの現在をどうとらえるかが変わってくるように思う。精神分析的にはエディプスコンプレックスを経なければ成熟はないとされるが、支配的な母の対象化は、切断する父がたとえ理念的であったとしても、かつて存在したからこそ可能になるのかもしれない。では日本映画における母の対象化について見てみよう。

日本映画における母の描かれ方

私の記憶にある限り、日本映画には息子の立場から正面切って母親を描いた作品は少ない。もちろん苦労した母を美化する感動ものは掃いて捨てるほどあるが、女は娼婦か聖女の2種類しかないという女性観の貧しさが底に流れているような気がする。例外は宮崎駿監督のアニメ『千と千尋の神隠し』である。主人公の母親の無感動・不機嫌ぶりはリアルそのものである。ではなぜ日本では非現実的なほど母親像が二分化するのだろう。そこには三つの理由が考えられる。

成人してから「親のことを悪く言うのは自立していない証拠」という規範が、想像以上に息子たちを縛っているのが一つの理由ではないだろうか。母思いという姿勢は、マザコンとは異なり、むしろ彼らの男らしさ（俠気）を際立たせる要素になっているのだ。

二つ目は、母の聖化である。韓国映画を見ているとよくわかるが、女性蔑視が強いほど、母に対する聖化の度合いは強まるような気がする。根底では異性の親に対する性の否認（母は性的存在ではない）とつながっているので、娘にはなかなか理解できない点であろう。

三つ目は、異性の親である母、女性である母によって、男性である自分が抑圧され苦しんでいると認めることへの抵抗感ではないだろうか。なぜなら、母からの抑圧を感知しそれを苦しいと感じることは、母親に対する一種の敗北を意味するからだ。被抑圧感とは抑圧されたという受動性を認めることで生じる。母によって支配され抑圧されたということは、母の加害性＝自らの被害性を認めることでもある。息子たちが父に敗北するならまだしも、母に敗北することは、彼らのジェンダー観を覆すものだろう。男が男に負けるのは屈辱ではない。しかし女性に負けることは、男性の価値観の根本にあるメイルショービニズム（男性優位的価値観）に抵触し、恥辱そのものを意味するのだ。カウンセリングにやってくる男性たちは、母が重いといった被抑圧感をストレートに語るわけではない。どこか自虐的な回路をたどってしか母のことを語れないのは、三番目の理由が彼らを屈折させているのではないかと思う。

母を批判する息子たち

このように、根深い女性蔑視（差別）と母親批判へのためらいとはつながっているのだ。このことが日本映画に登場する母親像の深まりを妨げリアリティを削いでいる気がする。世界に冠たるロリコン的少女礼賛映画（アニメ）の量産が、母になった女性たちの恐ろしさや支配性を正面切って見据えることのできないことと表裏一体であるとすれば、息子が母を批判できないことが日本の文化に与える影響の深さに驚かされる。

実は『私の、息子』の日本公開にあたって、母が重いと感じる息子たちが声を上げるきっかけにならないかとひそかに期待したのだった。彼らのタブーを外国映画によって破ることができるのではないかと思ったからだ。

息子が母を対象化しその抑圧性を描くことは、父の対象化よりはるかに困難なのだ。若い二人の監督があの作品をつくるためには、自らの男性性を問い直し、女性差別が染みついたジェンダー観を乗り越えることが必要だったのだろう。はるかに強靭《きょうじん》な問題意識とそれを映像化する才能を併せ持たなければ、息子が母を批判的に対象化することは不可能なのだ。『私の、息子』を何度も映画館で見たが、観客のほとんどが中高年の女性で、30代以下の男性の姿はほとんど見当たらなかったことも今となっては納得がいく。

とはいうものの、日本で母親への鋭い批判を投げかけてきた数少ない男性たちの存在を明記しておく。もちろんいたずらに批判することが望ましいと考えているわけではない。ほとばしるように、ほとんど叫びのようにして記された母への決別・批判・怒りの言葉の数々は、それを表出する勇気とともに私にとっては忘れられないものである。鶴見俊輔氏は繰り返し自分の母について、彼女の理不尽な虐待的行為についてさまざまな文章や対談で表現している。虐待という言葉が日本で広がる以前にそれを身体的虐待と断定し自分の受けた影響を洞察する言葉を最初に読んだときは、正直驚いた。しかし母を決して許すことはできないという彼の発言に、揺るがない知性と安易な妥協を禁じる姿勢を感じたのである。『ものぐさ精神分析』（青土社、１９７７　改版、中公文庫、１９９６）で知られた岸田秀氏も、自分と母との関係を追及し続けることが職業とつながっていることをさまざまな機会に語っている。もう一人写真家の島尾伸三氏も挙げておきたい。梯《かけはし》久美子の『狂うひと――「死の棘」の妻・島尾ミホ』（新潮社、２０１６）にも明らかなように、島尾敏雄・ミホという両親のもとで育った環境は過酷というほかない。母である島尾ミホの驚くべき言動については、少しずつ時間をかけて多くの著作の中で描写されている。それらを読むと、どんなすぐれた専門書であっても、選び抜かれた当事者の言葉に勝るものはないということを痛感させられる。

息子にとって母を批判することは、個別の親子関係を超えて、男性である自分を問い直す意志的な行為であり、決して女嫌い（ミソジニー）につながるものではないことを強調したい。むしろ母からの抑圧を否認し母を聖化すること、安易な赦《ゆる》しの自己陶酔や乗り越えの錯覚こそがミソジニーを生むのだ。時としてそれは手の込んだ女性への復讐や、成熟した女性への怖れにつながっていくだろう。前述3氏のように、怖れずに勇気をもって意識化し、言語化できる男性が増えることを期待したい。

16　母への愛がなければ、母ロスは起きないのか

母を描く息子たち

母の死は、父の死とは異なり多くの女性にとって耐えがたいものである。こう書くと誰もが納得するだろう。しかし本書に登場する母娘問題で苦しんだり、さまざまな距離をとろうとした女性たちにとっては、そのような単純な言葉では言い尽くせないものがあるはずだ。ネット上では頻繁にロスという言葉が飛び交う。かつてはロスアンジェルスを意味したが、近年では大きな存在が失われたときにロス（喪失）という言葉が用いられるようだ。では、果たして娘にとって母ロスは必然なのだろうか。例外が認められないとすればいったいなぜなのだろう。いっぽうで息子には母ロスはあるのだろうか、娘のロスとそれは同じなのだろうか。本章ではそれらについて具体的に考えてみたい。

前章でも述べたが、近年息子の立場から率直に母親を批判的に検証する本がいくつか出版されている。春日武彦による『鬱屈精神科医、占いにすがる』（太田出版、２０１５）

は、タイトルとは裏腹に、最初から最後まで母との長年にわたる葛藤が赤裸々に描かれ、時に痛々しいほどの率直さで迫ってくる書である。坂口恭平による『家族の哲学』（毎日新聞出版、2015）においても、母親の感情にまき込まれてしまい、現在に至るまで自分なんか生まれなければよかったのではないかという思いにとらわれてしまう自分が描かれている。

また、ドストエフスキーの未完の傑作を1995年の現代日本を舞台に完結させたロシア文学者の亀山郁夫は、『新カラマーゾフの兄弟』刊行記念インタビューにおいて興味深いことを述べている（「文藝」2016年春季号、河出書房新社）。その内容を要約する。

1995年に起きたのは「父」の死ではなく「父殺し」の死であり、それはインターネットの登場によってである。父殺しが不可能になることで、そのときから母と向き合わざるを得なくなった。母がむき出しになって、家庭が前面にせり出したので、会社とも、国家とも向き合わなくてよくなった。争うのは父と息子ではなく、母と娘になったのもここからである。1995年を境に父は完全に蚊帳の外に出され、父が死んだことで完全に母系社会になった。いっぽう家族における母親の役割や存在が強大になることで、家族をつなぐ母の心労が無限になり、その心労が生々しい母性として子どもに覆いかぶさるようになった。これが現在の母性の突出した暴走ではないか。

同時に亀山は自身の母親を理想化していて「ひどいマザコン」であると告白している。国外にいたために母の死に間に合わなかったことを、母を見捨てたのではなく、母に見捨てられたのだと思うと述べ、「母が死んだとき、母は七十歳を超えているんだから美しいわけでもない」のに、亡くなった母の夢を現在に至るまで繰り返し見ており、えもいわれぬ存在として夢の中でそのオーラを感じているのだと言う。

受苦的存在として理想化される母

亀山の母は、戦争を経験し苦労して息子を育てただろうことは容易に想像できる。このような母の苦労と、死後もなおオーラを放ち続ける存在感とは、深いつながりをもっている。それはむき出しの母性とは対極の、耐え忍び頑張って生きる母親である。母に苦しみを与えている存在は生活苦であり、姑《しゅうとめ》も含んだ家父長制であっただろう。加害的存在が外部にあることで、子どもは自責から解放され、母の救済者になるべく勉強し成功しなければという動機を得ることができた。このような被害者的被抑圧的立場にあることで母は受苦的存在となり、理想化されたのである。戦前の長男相続の残滓《ざんし》もあり、母親にとって息子は老後の生活を保障する存在であったために、多くの母たちは無意識的に娘より息子を優先して大切にしたのである。このような母と息子の組み合わせは、団塊世代から上の男性にしばしば見られる「妻は他人だが母とは血がつながっている」「船が沈みかけたら、妻よりまず母親を助ける」という発言につながってくる。

いっぽうで春日と坂口の描く母親は、ともに専業主婦である。父親の存在は希薄であり、姑の存在も見当たらない。父親への不満を息子に垂れ流すとしても、父不在の家族ですべての権力を掌握して君臨する母は被害者的ではない。戦中・戦前を生きた母親に比べて、外部に加害的存在はなく、母と息子の共通の敵は父になるしかないのだ。外部の敵の不在によって、母の不幸は父の息子である自分のせいではないかというぬぐいがたい罪悪感、自分はいないほうがよかったのではないかという自己否定感が息子に生まれる。このような心的機制はもちろん娘にも見られるが、父と同じ性である息子にとって、母親救済への義務感はロマンティック・ラブ・イデオロギーにおけるナイト（騎士）の役割にも通じるため、よりいっそう強まるだろう。閉ざされた核家族の要《かなめ》として強大な役割を担った母親は、外部の敵・加害者の不在によって受苦的存在にはなりえず、そのぶんだけ膨大な「心労」を抱えることで息子に覆いかぶさるのである。母の理想化の装置としての受苦性のためにも、悪役としての姑（祖母）の存在は必要不可欠だったのかもしれない。理想化された母は、その死によって、ロスという、より甘美に美化された象徴として息子に終生残り続けるのである。団塊以降の世代の男性にとって、そのような受苦性が消滅するにしたがって、母は理想化というより自責や自己否定の源泉へと変貌する。したがってその死は、ロスでありつつ一種の解放を意味し、娘同様に母のとらえ直しの契機となるだろう。

やっと母の関心を得られた

ここまで、息子にとっての母ロスについて述べたが、娘の場合を考えてみよう。

50歳になるマキコさんの母ロスは、かなり入り組んでいる。

地方の農家の長男だった父は、役場に勤めながら広い土地にアパートを建てて都市化の波に乗ったやり手だった。弟は生まれたときから皆に跡継ぎと言われたが、マキコさんはどうせ嫁にいくのだ、でも器量が悪いからいい縁談もみつからないだろうと母親から言われ続けた。弟には豪華な五月人形が用意され、マキコさんには雛《ひな》人形も買ってもらえなかった。ところが皮肉なことに学校の成績はマキコさんのほうがはるかに優秀で、居間のこたつで少し勉強するだけで学校の成績はトップクラスを維持した。母親は口惜《くや》しそうに「逆だったらいいのに」とこぼし、父親はしばしばマキコさんの勉強の邪魔をした。進学校から東京の国立大学に合格したマキコさんは、初めてのびのび暮らせるようになった。弟は3年後地元の大学に合格したが、留年を繰り返し6年でやっと卒業した。その後役所に勤めることになり、実家から車で1時間のところに住み、両親の反対を押し切って年上の女性と結婚した。

大卒後マキコさんは社内結婚し、専業主婦となり二人の子どもを育て上げた。母は「私の育て方がよかったからエリートと結婚できた」と周囲に自慢し、なぜかこのころからマキコさんを頼りにするようになった。実家の母から呼び出しがあると新幹線で駆けつけ、子連れで母の弟への愚痴を聞き、家事を手伝って帰るということを繰り返した。小さいころから弟を溺愛していた母の関心がやっと自分に向いてくれた、そう考えるとうれしくて、母を助けるためには何でもしなければという気になるのだった。

すべてを知っていた娘

カウンセリングにやってきたきっかけは、娘からある日「お母さんはずっと私たちの母じゃなかったよね、おばあちゃんの娘のままだった」と言われたことだった。母親思いの自分の行動を理解してくれると思っていたのでショックだった。しかし実家の母親がころんで車いす生活になったことが転機となった。病院に駆けつけたその晩、母親が携帯でこっそり弟と話しているのを聞いてしまったのだ。マキコさんが聞いたこともない声で甘えるように「頼りはあんただけだよ」と弟にささやいていた。その瞬間自分は都合よく利用されていたことがわかった。東京から呼びつけて雑事を手伝わせるいっぽうで、ないしょで弟と連絡を取り合っていたのだ。

退院後日常生活を取り戻した母だったが、マキコさんは強い拒絶感が働き、母の声を聴くのもつらく、夫にすべての連絡の仲介を頼んだ。母からの関心を取り戻したと思い、すべてをなげうって実家に尽くしてきた歳月を思い返すと、口惜しさと怒りがこみ上げてきた。娘はそんな母との関係を冷静に見つめていたのだと思うと、娘たちを犠牲にしたのではないかと自分を責めるのだった。そんなある日、突然母が心筋梗塞で倒れたと連絡があった。すでに入院して2日経っていた。駆けつけたマキコさんは死に目に会えなかった。

マキコさんが深刻なうつ状態になったのは、母の死後さまざまな整理が終わって落ち着いてからだった。涙が止まらず、外出もできず、カウンセリングに来ることもできないほどだった。周囲の人たちの反応は、大好きなお母さんが亡くなったから仕方がないと同情的なものだったが、マキコさんは想定外の自分の反応にただただ混乱し、それがいっそううつ状態の悪化に拍車をかけた。

その後心療内科を受診し、投薬を受けて少し動けるようになったマキコさんは、4か月ぶりにカウンセリングに訪れた。すっかり体重が減少した姿に驚いたが、苦しみながらもやっと自分の考えを言葉にできるようになったと語った。

思い返せば幼いころから弟と比較され、差別的な扱いを受けながら成長してきたのだった。成績優秀だった自分を認めてくれたことなどなく、いつも弟と入れ代わりになればいいと言われ続けてきたのに、結婚後初めて娘の利用価値に気づいた母にすっかりとり込まれ、そこから母への献身が生まれた。母から利用された、謀《はか》られたという思いで世界がひっくり返りそうになったのだが、その最中に母は亡くなった。怒りをぶつけることもできず、いっぽうであの激しい怒りが間接的に母を殺したのではないかという思いも湧いた。そんな母に対して、その死に対して、こんなに毎日涙が出るのはなぜだろう。口惜しさと怒りが母の死によって帳消しになったわけではないのに、周囲は全員お母さんのことが好きだったんだと断定する。そんな無理解な視線や言葉によっても深く傷ついてしまう。

これらの整理しがたいいくつもの相反する激しい感情が生起していること、そのどれもがマキコさんにとっては切実であり、優先順位や因果関係などによって整合性をもたせることなど不可能だと認めたころから、うつ状態は少しずつ軽快していった。しかしそれでもなおマキコさんが苦しみ続けたのは、母の死が自分に深い喪失感をもたらしたことを認めたくなかったからだ。喪失感＝ロスという言葉は、大好きだったことの証明ではないかと思うと、混乱の渦に再び呑み込まれるような気がした。それは違う、絶対に違うと主張したかった。

しかしマキコさんが母ロスの状態にあることは間違いないだろう。わかりにくいかもしれないが、激しい反発や怒り、関心をやっと得られたという満足感の源泉として、生まれてからずっと母親は磁場の中心的存在だったのである。その母がいなくなったことで、マキコさんを引き付け、反発し、裏切ってきた磁場は、方向性を失い中心を失った無秩序な世界と化した。そんな母の磁場の中にいたことが、母への好意や愛をそのまま意味するわけではない。しかし、世界の秩序が崩壊しそれに代わる新たな磁場の見当もつかないことは、やはりひとつの喪失＝ロスであることに違いないのである。

たまたま気が合う母と娘

30代の医師であるアキさんは、まだ60代の母のことが大好きだと宣言している。なんでも相談でき、買い物も旅行もいっしょに行くほど仲良しで、人生の大先輩としても尊敬している。結婚できなくても、母がずっと元気でいてくれさえすれば寂しくない。一番恐れているのは母がある日亡くなってしまうことだ。そうなったら父だけが残されるし、父のめんどうを見る気はないので厄介だ。何より自分のこの満たされた生活が崩れてしまい、羅針盤がなくなってしまうのではないか。そう考えるだけで怖い。ときどき夜中に目が覚めて、母の死の恐怖を思うと眠れなくなってしまうほどだ。

アキさんと似たような恐れを語る女性は珍しくない。あまりに母との関係が緊密過ぎて、それが喪われることを想像するだけでどうしていいかわからなくなるのだ。その緊密さを批判するつもりはない。非常に仲のいいカップルがいて、相手がいなくなること、喪うことを想像するだけで怖くなるのとそれは同じである。母娘でそのような関係性が生まれることもあるだろう。もちろん平均寿命からすれば60代のアキさんの母親はあと

20年は元気でいるはずだが、どんなアクシデントが起きるかはわからない。繰り返すがそれを批判的にとらえているわけではない。女性は結婚しなくてもいいし、出産して一人前というわけでもない。たまたま気が合うのが母で、父親の存在など必要がなく、二人でずっと暮らすというシンプルな事実があるだけだ。

しかし、そうなれば、アキさんが恐れているような深刻な母ロスが起きることは間違いないだろう。母ロスを抱えながらその後の人生を生きることになるかもしれない。そんなリスクを覚悟しておく必要がある。

和服姿の女性

カウンセリングでもっとも大切なことは、最初に顔を見た瞬間の第一印象である。疲れている、元気だ、暗い、焦っている、といったその人の変化が、その一瞬で見えてしまうのである。服装やメークなどのせいか、わかりやすいのは圧倒的に男性より女性のほうである。

50代のエミコさんは、久々にカウンセリングに訪れた。部屋に入ってきた彼女は、初めて見る和服姿だった。うっすらとしたメークは彼女を3年前よりはるかに若々しく見せた。

私と目が合った瞬間、エミコさんは微笑《ほほえ》んだ。

「お久しぶりです、何かいいことがあったんですか？」

「はい、そのとおりです、今日はそのご報告がてらやってきました……」

「まさか、ひょっとして○○○ですか？」

「はい、そのとおりです」

「ああそうですか、よかったですね……（声をひそめて）おめでとうございます」

「ありがとうございます、ここだけです、こんなにうれしい顔ができるなんて」

この会話の○○○にあたる部分は何だろう。すでにおわかりのように「お母さまが亡くなられたんですか」が正解である。


母ロスどころか、母が亡くなることで重荷から解放され、心底楽になる女性たちもいる。

長年母親との関係に苦しみながら、それでも母親のめんどうを見続けている女性たちは多い。エミコさんもそうだった。幼いころから開業医の父からのDVを受けてきた母は、エミコさんを自分の保護者のように仕立て、小学校3年生から娘のことをママと呼び家事の多くを任せてきた。そして父が亡くなったのちは、遺産を好き放題使った。結婚したエミコさんを近所に住まわせ、海外旅行とオペラ鑑賞三昧《ざんまい》の日々を送った。エミコさんの住んでいる土地は母の名義で、それと引き換えに母の生活の世話をすることになったのだ。マキコさんと異なるのは、結婚してからずっと母に対して何の期待もなかったこと、むしろ放埓《ほうらつ》な母の影響が自分の家族に及ばないように心がけたことだった。自分を生んでくれたというただ一点だけで、母との関係を耐えてきたのである。

人間ドックをずっと拒否していたエミコさんの母は、ある日体調を崩し、受診先ですい臓ガンが発見された。そして入院して2週間後、あっという間に亡くなってしまった。

「葬儀の日は空が本当に青くて、思い残すことは何もありませんでした。やるべきことはすべてやったというすがすがしさでいっぱいでした」エミコさんは、久々の和装で銀座を歩いてきたせいか、少し汗ばんだ顔つきで晴れやかにそう語った。

エミコさんに母ロスはない。むしろ形容しがたい解放感と何かを成し終えた達成感に満ちていた。3年ぶりに訪れ、声をひそめつつもそれを私に伝えずにはいられなかったのである。

17 出口はあるのだろうか

家族を形容する言葉

母との関係に苦しむ女性たちにとって、果たしてどんな道が残されているのだろうか。やはり母を許さなければならないのだろうか、母親は変わってくれるのだろうか、断絶できるものならしたいのだが……果たして出口はあるのだろうか。抽象的ではなく具体的な方向性について、これまで何の参考書もなかったのが現実である。私は本当に手探りで、カウンセリングでお会いする女性たちといっしょに長年そのことを考えてきた。ここでその一端を述べたいと思う。

基本になっているのは、シビアな現実感覚である。つまり母親はそれほどやわではなく、娘を理解して反省などしない、つまり娘のことをわかってくれるという幻想を捨てなければならないという感覚である。そのことを最初から女性たちに伝えても理解されることはない。なぜならどれほど拒絶していようと、彼女たちの母親への幻想は残り続けているからである。そのうえで緊急対応的な側面と、長期的に時間をかけて実行する側面の、両面があるということを理解してもらう。前者は極めて具体的な方法論であり、後者は娘である女性たちが自分の足元の土台をしっかりと固める作業のことを指している。自分の感覚や考え方、時には口調やしぐさにまで食い込み、染み込んでいる母の気配や影響・残滓《ざんし》を自覚し、どうやって自分とそれを分別していくかを試みるのである。

そのいずれについても、重要なのは言葉である。語って聞くことはすべて言葉を媒介としている。どんな言葉で表現するか、自分の母についてのエピソードをどのように言語化していくか。それがすべてと言ってもいい。陳腐なようだが「言葉」に始まり「言葉」に終わるのだ。

たびたび触れてきたアダルト・チルドレン（ＡＣ）の女性を対象としたグループカウンセリングは１９９５年から続いているが、当時40代だった女性たちの生育歴には、戦争から生還した父親が酒に酔って激しく母親に暴力をふるうというエピソードが満載だった。殴られて血まみれになった母が彼女たちを虐待する、そんな暴力連鎖の記憶は、グループの共通の話題として語られたのである。しかし50年代当時、子どもだった彼女たちが見たり受けたりした行為を「暴力」として定義する言葉は存在しなかった。厳し過ぎるしつけや夫婦喧嘩という言葉しかないとき、父や母の行為を暴力ととらえることは不可能だったのだ。新しい言葉は必ずそれを必要とする人たちによって、その人たちのために生み出される。それは、カウンセラーとして30年以上の経験による深い実感である。家族という親密圏において用いられる言葉は、実に貧困であったことに気づかされる。安心・安全・やすらぎ・絆・つながり・そして愛情しかなかったのだから。そこに暴力が加わる時代が来ようとは誰も思わなかっただろう。

暴力とは「あってはならない」という価値判断を含み、加害・被害関係を前提とした言葉である。暴力が犯罪であることは疑う余地もないが、それを家族という親密圏に適用することは、法律の適用を許し、「法が家庭に入る」ことを意味する。その価値判断ゆえに被害者の立場に立ち被害者を救済することが基準となっている。

つまり、ドメスティック・バイオレンス（DV）と虐待はそれを受ける人たち（妻や子ども）＝被害者の立場に立つ言葉なのであり、夫婦喧嘩でポカリと女房を叩いてしまいましたよ、という笑い話が、妻にしてみれば暴力（DV）をふるわれたという話へと、行為の意味が変わったのである。家族を形容する言葉にDV・虐待が加わったことで、経験の意味づけが変わり、家族をめぐる言説の構造を一変させたのだ。愛情や絆という言葉にくるまれて不可視にされてきた苦しみ、忍耐、我慢、違和感、自責が、「被害」と認定されることで意識化され、責任の所在は自分にはないのだという救済が与えられる。家族における弱者・被抑圧者の立場に立つ新しい言葉が、DV・虐待であり、ACなのである。

意味の転換という激震

さて、墓守娘・母娘問題・毒母・毒親なども、同じく「娘の立場」に立つ新しい言葉として登場した。これまで言葉が存在しなかったために、我慢するしかない、これは母の愛情だ、自分がひどい娘なのだ、こんなことを考えるのは自分だけだと胸の奥にしまい込んで生きてきた女性（娘）たちを解放するためには、新しい言葉が必要だったのである。

『愛情という名の支配――家族を縛る共依存』（海竜社、1998）という拙著のタイトルは、20年を過ぎた今でも古びていない。あからさまな暴力でないだけに、母の支配を明晰に語るのは困難である。おまけに当の母親はそれを娘への愛と信じて疑わないし、世間もいいお母さんだと持ち上げる。拙著の多くが事例で埋め尽くされているのは、具体例を通してしか表現できない支配の巧妙さと微細な恐ろしさを日々カウンセリングで痛感しているからである。

本のタイトルや雑誌の記事などで長年の違和感に新しい言葉と意味が付与され、これまでの記憶の組み替えが起きる。この瞬間・時期がもっとも大きなポイントである。娘たちにとって、苦しみや混乱と同時に光明が見える瞬間でもある。「私が悪い娘だ」から「母が私を支配してきた」への意味の転換は、世界がひっくり返るほどの激震である。

ある人は1週間寝込んだと言い、ある人は涙が止まらなかったと言う。また拙著のタイトルを書店で見た瞬間に、危険を察知してしばらく購入を迷ったという人もいる。愛情という予定調和的世界に、支配・暴力という荒々しい言葉が入ること、さらに被害者の位置に自分を置くことの安心感と同時に湧いてくる罪悪感の嵐。多くの女性たちは、カウンセリングにやってきてその瞬間を思い出しながら涙を流して語る。

娘たちは母が怖い

一般的にいわれる親子の不和は、可能な限り話し合って相互理解を深めれば和解できる、親子だからわかり合えるはずだと考えられている。しかし意味の転換という激震を経験した女性たちが気づくのは、圧倒的な母の支配に息絶え絶えになっている自分なのである。そして多くの女性たちは、心から「母のことが怖い」と感じるようになる。この恐怖はなかなか理解されにくい。どうして突然、母親に対して怖いという感覚を抱くようになるのか、娘のほうがゆがんでいるのではと考えられがちである。まして当の母親にしてみれば、娘の突然の変貌を理解できるはずもなく、たいていは「うつ病じゃないか」「付き合っている男性のせい」「宗教に勧誘された」と原因を推測する。これを私は母の三大原因説と呼んでいる。

ではいったいなぜ怖くなるのか。愛情と信じていた（信じ込まされていた）母の言動は、実は母の思いどおりに娘を仕立て上げることだったという意味の転換が起きたときから、母は理解不能で不可解な存在と化すのである。「なぜそんなにまでして娘を」という問いが何度もリフレインするのだが、その回答は当の母から与えられるはずもない。まったく想像もつかない基準で動いている人に対して、私たちは恐怖を抱く。誤解を恐れずに言えば狂気に対する恐怖にそれは似ている。もっとも身近だった人が一気に不可解な存在へと変化することで、母の存在が怖くなるのだ。それは非道な仕打ちをいつ受けるかという恐怖ではなく、得体の知れない生き物に対する恐怖なのである。

とりあえず離れる

サバンナで生きる動物たちを見てもわかるように、大きな動物に小さな動物が正面から立ち向かうことはしない。明らかに負けが見えているからだ。自分を守るために一目散に逃げるというのが小動物の正しい行動である。同じく娘たちにとって、母と正面から一対一で相対することは無謀な行為である。無自覚どころか自分が愛情深いと信じて疑わない母は無敵なのだ。その磁場に取り込まれた瞬間、ずっとそうだったように母に対してイエスしか言えない娘になる。まるで魔法をかけられたかのようにそうなってしまうのだ。

多くの女性たちが母と会うことを拒絶するのは、会えばどうなるかわかるからである。

魔法にかからないように頑張って対面しながら、パニック発作を起こしてしまった女性もいた。恐怖は連鎖して新たな恐怖を生み出す。母からのメールはもちろん携帯の着信も拒否するという行動も、恐怖から生まれる。母と暮らすことが苦しくなって逃げた女性は珍しくないが、実家のある鉄道の駅名や母の住む県名を聞いただけで冷や汗が出たり、動悸が速くなったりする。にわかに信じられない人も多いだろうが、とにかく母から逃げる、離れることだけを考えている女性たちがいっぱいいるのだ。彼女たちはそのことを誰にも話せない。聞いた人は娘であるその女性がヘンだと思うに決まっているからだ。

離れるといっても何種類かある。問題を解決するのにもっとも確実な方法は、逃げることも含めて物理的距離をつくることだ。具体的には同居を解消する、転居先の住所を知らせずに時を稼ぐ、海外で暮らす、といった方法がある。その際のコツは、いつまでこれを続けるかといった先のことを考えないことだ。DVの場合もそうだが、家を出るためには「とりあえず」が大切になる。まず3日くらいが1週間になり、気がつけば半年経っていたということもある。先々まで計画を立てると決して家を出ることはできない。

いっしょに暮らしながら距離をとる

中には諸事情から家を出られない人もいる。昨今の就労事情から、部屋を借りて一人暮らしなど到底望めない非正規雇用者が激増している。出たくても収入がない、そんな女性たちは絶望するしかないのだろうか。カウンセリングにおいて彼女たちに提案するのは、「母に対して丁寧語を使いましょう」ということである。恋人関係を見るまでもなく、距離が近いほど言葉づかいはぞんざいになる。核家族化によって外部をもたなくなったことも影響してか、日常的に喧嘩をしているような言葉づかいの家族もある。逆に考えれば、言葉づかいをていねいにすることで距離をつくることができるのだ。これまでの「やってよね」から「やってください」へ、「わかった」から「わかりました」へと言い方を変える。頼むときは「お願いします」と言う。そして、丁寧語の延長で「挨拶を欠かさない」ことも重要だ。ただいま、お帰りなさい、おやすみなさい、ありがとう、といった日常の挨拶を母親に対して励行するのだ。

どうしたのか、なんでそんな口調なのかと母から詰問されても、決して言い方を変えないようにする。そして「なんでそんな他人行儀な言い方するのよ」と責められたら、心の中で快哉《かいさい》を叫ぼう。丁寧語作戦が成功したのである。他人行儀という言葉はなんてすばらしいのだろう。距離をとるということは他人行儀になることだ。親しき仲にも礼儀あり、親子であっても他者性を維持するために、丁寧語をつかい日々の挨拶を励行する。不思議なことに言葉づかいの変化はさざ波のように連鎖していく。丁寧語作戦が家族全体に広がれば、少しは衝突や介入を防げるだろう。同じ屋根の下で暮らしながらも、こうやって母と距離をとることが可能になる。冒頭に述べたように「言葉で始まり言葉で終わる」のである。

配偶者を味方にする

距離をとられた母は、身に覚えがないためなんとかアプローチをしようと試みるだろう。そんなとき、もしパートナーがいるなら味方になってもらおう。パートナーに母との関係を理解されなければ、娘である女性の孤立は倍加してしまうからだ。

ある女性は、母からの電話には絶対出ないようにしている。夫が代わって母との応対をすべて引き受けてくれ、防御壁となっている。そんなときに妻がうつ状態だという説明は口実だったとしても役に立つ。たいていの母親は「娘がご迷惑をかけちゃってごめんなさいね」と娘の夫に気を遣い、それ以降連絡を取るのを遠慮するようになるからだ。

最初からパートナーがよき理解者であるとは限らないので、女性のほうから慎重に息長く説明を繰り返さなければならない。家庭的に平和に育った男性ほど、妻が語る母親像に違和感を覚え、「あんなやさしいお母さんをどうして」「君の考え過ぎじゃないの」などと反応しがちである。そこで失望して投げ出してはいけない。いろいろ納得させようと説明すると、時に逆効果となってしまうこともある。とにかく母とは接触したくない、あなたしか味方はいない、どうか私を守ってほしい、と訴え続けることが望ましい。妻を大切に思っている夫なら、そこまで訴える妻のために手を尽くしてくれるはずだ。夫が母との間に入ってくれることで、かろうじて母との接触が最小限に済んでおり、精神の安定を保っている女性は少なくない。ところが中にはもっと上手の母親もいる。

母一人子一人だったクミさんは、将来は母と同居する条件に同意してくれた男性と結婚した。2世帯住宅の2階に住んだクミさんは、進学も就職も、母親の望むままの路線を歩いてきた。結婚して初めて味わう母からの解放感に気づいたとき、これまでどれほど母の期待に縛られていたかを思い知らされたのだ。それと同時に階下に住む母との接触が徐々に苦痛になってきた。母もそのことを察知したのか、仕事が忙しいクミさんにあまり接触しないように努めているように見えた。ところがある日残業が終わって帰宅すると、夫がいない。仕事から帰った気配はあるのにどうしたのだろうと思っていたら、夫が上機嫌で戻ってきた。

「お母さんからご馳走になったんだよ、ビールまで。『クミにはないしょね』なんちゃってかわいいんだよね」と無邪気に語る夫の姿に、クミさんはキレた。母親のたくらみが手に取るようにわかったからだ。冷たくなった娘を罰するために、夫を取り込んで娘に嫉妬させるために、母はこんなことをしたのだと思った。その件がきっかけとなって夫との関係がぎくしゃくするようになり、クミさんはカウンセリングに訪れたのだった。

こんな例も珍しくはない。妻が感情的になればなるほど逆効果になるのも悲劇である。夫からすればやさしい義母なのに、妻はなんて冷たい娘なのかと批判的になるだろう。母親はおそらくそのことも込みで、娘の夫を取り込もうとしているのだ。このあたりの絶妙なパワーバランスの読みを知るたびに、まるで政治家のようだと思ってしまうのである。

仲間をつくる

母に対する意味の転換は、一人で抱え込めるほど生易しいものではない。信頼できる人に話して聞いてもらうことが必要になる。そんな知人がいればいいが、下手に話すと「お母さんのことをそんな風に言うなんて」と軽蔑のまなざしで見られるリスクも高い。

近年ではネット上のブログやtwitterなどによって、それこそ世界中とつながることができるため、同じ思いの人との交流も可能になった。ACという言葉が広がった1996年はインターネットがWindows95発売によって普及した翌年であることを考えると、親からの支配に苦しむ人たちが声を上げるためにはインターネットの果たす役割が大きかったといえよう。ネット上であっても、たしかに同じ苦しみを経験した「仲間」だと思える人たちの存在を知ることがどれほど心強いことだったろう。

ＡＣのグループカウンセリングの意味の一つが、仲間と出会えることである。家族の常識に反旗を翻して愛情を支配と読み替える意味の転換を経験することは、いわば世間を敵に回すようなものなのだ。マイノリティの人たちが強固につながらなければ押し潰されてしまうように、母の愛への疑義を抱いた人たちに必要なのは、つながる人の「数」である。自分を強くする、信念をもつ、自分を好きになるといった自己完結的方法ではなく、あなたの考えていること、語ることはよくわかる、否定せずこう言ってくれる仲間が何人いるかが何より重要なのだ。もちろんネット上のつながりでもいいが、できれば姿が見えて声が聞けることが望ましい。具体的な生身の存在である仲間を得てもらいたい。母娘問題、墓守娘といった新しい言葉を共有することは一種のカウンターカルチャーを形成する。それは家族とは別の、彼女たちが生きられるもう一つのコミュニティなのである。

18 仲間とともに

仲間が意味するもの

この章では「仲間」をつくること（グループの重要性）についてこれまでの経験から書いてみたい。

仲間という言葉は近年耳にする機会が減ったような気がする。お友達や友人とは異なり、そこには目的をともにする志向性でつながるという意味と、同じ経験をした共苦性でつながるという二つの意味が含まれている。遠い昔、日本の学生たちが政治の季節を生きていたころは、仲間というのは同じ党派に属する同志であることを意味していた。志向性をともにする、どこか秘密結社的なつながりが含意されていたのである。

本書で私が用いる仲間という言葉にも、それなりの歴史がある。さまざまなアディクション（嗜癖）の回復において、自助グループの果たす役割が重要であることは今では多くの専門家にとって常識となっている。その基本となっているのがアルコール依存症の自助グループであり、大きく分けて1958年に生まれて日本独自の発展を遂げている断酒会と、アメリカで35年に誕生したアルコホーリクス・アノニマス（AA）の二つがある。特に後者はいわゆる組織化を図ることなく、回復のための12のステップとグループの原則を記した12の伝統をその背骨のようにして、世界中でミーティングが行われている。

これまで私が出会ってきた多くのアルコールや薬物依存症、ギャンブル依存症の人たちは、自助グループに参加した経験について、「仲間が」「仲間の助けがあったから」と語るのだった。

そこに込められたニュアンスは、同じ経験をし、同じ苦しみを味わった者同士のもつ共苦性による絆であり、当然のことながら援助者・専門家である私たちはそこには含まれない。もう一つは、アノニマス（匿名）であることともかかわるが、日常生活におけるドミナント（支配的）な価値からの排斥というつながりである。AAでは今日一日酒を飲まないこと、無力（パワーレス）であることがあらゆる価値の上位に位置づけられ、競争に勝ち頑張り続けることを放棄するという、価値観の転倒が求められる。

ドミナントな価値の強大さに日々押し潰されそうな依存症者は、初期にはほぼ毎日自助グループに参加することで、そこにおける共苦性と価値志向性をともにする仲間に支えられ、酒や薬のない生活を一日ずつ延ばしていくのである。アルコール許容文化、飲めることに価値が置かれる社会において、依存症者はいわばマイノリティである。多くの文化はこのようなマイノリティが生きられる装置を抱え込むことで豊かになるのであるが、アノニマスである自助グループは、もっと深い水面下で独自のコミュニティを形成している。世界的ミュージシャンが薬物依存症者でナルコティクス・アノニマス（NA、薬物依存症者の自助グループ）のメンバーであることをカムアウトする例は珍しくないが、彼ら彼女たちは公演のために成田に到着すると、日本のNAのサービスオフィスにまず電話して、その夜参加するミーティング会場を問い合わせるという。今日一日薬をやめ続けるためにである。日本ではあまりオープンではないが、著名な芸能人や高級官僚などがAAにつながって断酒を継続している例は増えている。千代田区を例にとっても、一日に3か所AAのミーティングが開かれているという現状なのである。

ACGⅡと呼ばれるグループ

1995年以来22年間実施を続けているのが、前にも触れた、女性だけのアダルト・チルドレン（AC）のグループカウンセリングである。センターでは30代までの男女混合のACのグループカウンセリング（ACGⅠ）も実施しているので、当該グループのことはACGⅡと呼んでいる。

89年にアダルト・チルドレンという言葉が日本で初めて紹介されて以来、ACのカウンセリングにかかわってきた。その定義は「現在の自分の生きづらさが親との関係に起因すると認めた人」であるが、多くの人たちが初めて自分の親について語るきっかけを与えられることで、虐待についての社会からの関心を呼び起こしたことは大きな意味をもっている。

96年ACブームと呼ばれる現象が起きたが、当時ネット上でACのサイトを運営しブログを書く人たちの多くは男性だった。カウンセリングにも自分がACだという男性が多く訪れたのである。その人たちの話を聞きながら、そこにジェンダーの視点、女性であるがゆえの苦しみという視点が必要ではないかと思った。中でも親との関係に苦しみながらも日々子育てに奮闘するような、親と子に挟まれた、いわばサンドイッチ状態の女性を援助する必要を強く感じた。こうして、中高年（当時35歳以上）の女性だけのACGⅡを始めたのである。

ナラティヴ・セラピー

グループを開始した当初、二つの原則を大切にしていた。第一は、病理・治療といった医療モデルで使用される言葉は用いない、トラウマという言葉も可能な限り避けるというものである。そして細かい決め事はせず、できるだけ参加者に任せようと思った。現在もそれは変わらないが、22年経って私なりのデザインがより明確になってきたと思う。彼女たちの経験を、心理学や精神医学で培われた既成の言葉によって言語化するのではなく、親から受けた経験や親の行為を新たな言葉で名づけられるように、新しい言葉を提供するのが私の役割だと考えるようになった。その言葉の多くは、政治学や社会学で使用される言葉である。そんな私に当時も今も影響を与えているのは、オーストラリアの家族療法家マイケル・ホワイト（１９４８－２００８）である。彼の代表的著作『人生の再著述――マイケル、ナラティヴ・セラピーを語る』（小森康永・土岐篤史訳、ＩＦＦ出版部ヘルスワーク協会、２０００）において、従来の治療的実践が、社会的政治学的因子や力の不均衡といった問題を棚上げにしてきたと彼は考えており、支配的な自分への意味付け（ドミナントストーリー）を、新たな言葉、「支配・虐待・力・搾取・隷属」といった言葉によるオルタナティブストーリーへと書き換えることが、結果として治療と同じ役割を果たすと述べている。また病理ととらえることを徹底して排除し、権力関係を認めることを主張している。たとえば次のような一節がある。

――今や、「怒り」という経験がどんなものであるにしろ、それが文脈のないものであるかのように考えることを提供しているのです。この意味において、怒りは、心理学化し文脈を曖昧にし、そして世界での行為の可能性を制限する言説の一部を担う言葉となるのです。しかし「憤慨」ではどうでしょう？　不正に対する「激情」ではどうでしょう？（中略）個人的経験の心理学化であるとか、公式分析というのは、どれをとっても、ものすごく保守的です。それらは、虐待にさらされた人々の人生を例外なく病理化し、そうするなかで、その状況についての政治学から人々の注意をそらすわけです。

マイケル・ホワイトのこのような姿勢は私にとって大きな指標となった。

第二の原則は「免責性＝イノセンス」である。すでに第四章で詳しく述べたので参照してほしいが、ACという概念は虐待的環境を生き延びてきたという称賛とともに在り、肯定的評価を伴うものである。なぜなら親を保護し支えてきた彼女たちは、親の人生に対する責任すらも背負ってきたのだから。親を幸せにするのは自分しかいない、親がこうなったのは自分が至らなかったからだという重すぎる責任感で息絶え絶えになった人たちにとって、「あなたは親に責任などない」という免責性は、親からの解放の基本を成すメッセージなのである。

この二つの原則は、22年経った今もACGⅡに生き続けている。

自助グループに学ぶ

ACGⅡの1回の参加者数は平均10名を超え、当センターで行われているいくつかのグループカウンセリングの中では人気の高いグループである。もちろん参加費がかかるし、参加者にはそれぞれに担当カウンセラーがいる。センター全体のカウンセリングとの有機的連関の中に位置づけられており、単独で実施されているわけでないことは強調しておきたい。前にも述べたが、金曜の18時30分から原則20時半まで実施されるが、これまでほとんどその時間に終わったことはなく、参加者が多かったときなど22時半までかかったこともある。進行全体はファシリテーター（進行役）である私が責任を負うが、これまで大きな問題が生じたことはない。

いったいどんなことをするのかと興味を抱かれる方もいるだろう。円形に座った参加者全員が、順に語り2周するのが基本である。1周目はAAなどで行われている「言いっぱなし聞きっぱなし」という方法を取り入れている。これは参加者が一人ずつ順に語り、まず1周するのだが、他のメンバーの語ったことにコメントはしないことを原則とする。もちろん私もその一員であることは言うまでもない。

最初はちょっと戸惑う人も多いが、そのうちにコツがつかめるようになる。語ることは「誰に向けて」という宛先がつきものだと考えられがちだが、自助グループで行われているその方法では、その場の誰か（たとえばファシリテーターである私）に向けてというより、話す宛先はグループ全体となる。正確に言うと、参加者個人を超えるグループの全体性に向けて語るのである。自助グループの多くでハイヤーパワー（自分を超えた何か）という言葉が用いられることがあり、いかにも宗教的なニュアンスゆえに拒否感を抱く人も多いようだが、「言いっぱなし聞きっぱなし」という宛先のない語り方を聞いていると、その場に立ち上がる個人を超える何かが感知される気がするのだ。そこで語った言葉は、ネット上のiCloud（アイクラウド）に保存されている感覚ともいえよう。

最初の1周でどんなことを話すのかは特に決められているわけではない。しかし彼女たちのほとんどが親との関係にさまざまな行き詰まりを感じて、拙著『母が重くてたまらない』などの母娘関連本を読んで来談し、担当カウンセラーと話し合ってからグループへの参加を試みた人たちである。したがって親との関係について語ることが中心となる。2周目に入る前に、私から必要な点についてレクチャーをすることにしている。

10回目が1クールの区切りであるが、何クール継続してもかまわない。卒業するかどうかは本人が決めることになっている。月2回なので1クールは約5か月を要するが、中には10クール以上、約5年間も参加した人がいる。唯一の義務は、10回目に生育歴を発表することである。その書き方や発表方法も本人に任されているが、ACである自分に関する研究（当事者研究）であると位置づけているため、必ずタイトルをつけて、資料を人数分コピーして配布すること、発表時間は30分以内でまとめるようになっている。

なぜ語るのか？

最初から堰《せき》を切ったように語る人、とにかく泣いてばかりで語れない人、肝心のポイントは外して周縁部を語る人、事前にノートに書いたものを読み上げる人、などいろいろだが、どのような語り方であってもOKである。その人なりの語りを肯定するのが基本的姿勢だからだ。中にはどうしてグループに参加しているんだろうと訝《いぶか》しむほど明るく朗らかな人が、10回目の生育歴を聞いて初めて全貌がわかったりするのも、グループカウンセリングの醍醐味である。語り方も個性があるが、回が重なるごとにまとまりが出てくるような変化も、グループ参加者全体に肯定的に受け止められる。また他の参加者の話を聞きながら、それまで忘却していた記憶が想起される事態はしばしば起きる。

中でも性虐待（父・兄などによる）や性被害（多くは小学生以下の）の経験は想起される頻度《ひんど》が高く、グループカウンセリング終了後うつ状態になったり、混乱をきたして個人カウンセリングを求める人もいる。グループはこのように強烈な刺激による反応も込みで実施されるが、いっぽうで同じ経験をした人が目の前にいること、これまで一生懸命生きてきて同じグループに参加していることを知ることで、強烈な経験を一人で抱え込まず「仲間」と共有し、安全にソフトランディングする経験ができる。

彼女たちは、子ども時代にいわゆる虐待の支援の対象外だった人たちだ。学校では明るくふるまい、むしろ優等生であり、家族の中でどんなことが起きているかは決して語らず、ただただ苦しいだけであった。そのことを周囲の誰も気づかなかったのである。「今だったら児童相談所に駆け込むんだけど」と口惜《くや》しそうに語る女性もいる。

2000年の児童虐待防止法制定以来、多くの施策が実施され研究も飛躍的に進んだ。甲南大学の森茂起氏の論文「人生史の共有を目指して——自伝的記憶に焦点を当てた虐待臨床」(「子どもの虐待とネグレクト」Vol.18 No.3、日本子ども虐待防止学会、2016)によると、自伝的記憶は記憶の中でももっとも研究の進んでいない領域であり、臨床活動と結びつけるにはまだ不十分だとされている。また、被虐待児の多くが人生史の語りに困難をきたし、他者と経験を共有できなくなっていることから、その人生史を振り返り共有していく作業は、子どもの人権回復のための支援であるとされる。

ACのグループ参加者がいわば見逃された被虐待児であったとすれば、彼女たちが語ることの意味は、そこに言い尽くされているのではないだろうか。毎回少しずつ断片的な記憶を言葉にし、10回目にそれをまとめてタイトルをつけて生育歴として発表する。これまで親に彩られ深く親に侵食されてきた人生史を振り返り、言葉にすること、それがグループの仲間に共有される作業そのものなのである。

グループの意味

センターではDV被害者のグループカウンセリングも実施している。ACを親からの被害者とするなら、同じ被害者系のグループでもその様相は大きく異なる。前者も周期的に「本当は私の夫への態度が原因だったんじゃないか」「やり方しだいではうまくいったのでは」と悩み、被害者という自己定義が揺らぐ瞬間が訪れる。ましてACは自分を生み育てた親が「加害者」として立ち現れるのである。親に対するそのような判断がどれほど現在の日本において否定され排斥されるかは言うまでもない。最後はそのような娘の人格や精神状態まで疑われるのである。

20年前に『日本一醜い親への手紙』（Create Media編、メディアワークス、1997）において、ACは危険思想であると述べたが、今でも事態は変わるどころかますます締め付けは厳しくなっている気がする。母の愛を疑うこと＝家族否定なのであり、多くの政治家が称揚する日本の家族の未来像を否定することにつながるのだ。まして、もっとも従順だったはずの娘が、同性で無謬《むびゅう》の存在である母を否定するなどあってはならないことなのだ。それら強大でドミナントな価値を乗り越えてグループに参加している彼女たちは、このグループから一歩外に出たら決して母親のことをこのように語ることはできない、と言う。力関係において圧倒的少数者である彼女たちは、単なるマイノリティではなく、マジョリティ（ドミナントな世界）を支える家族を足元から崩《くず》す存在でもあるのだが、そんな野望はさらさらない。とにかくあの親（多くは母親）から離れたい、わけのわからない親を解析したい、自分の感じ方や考えがヘンでないことを確認したい、間違っていないことを確かめたいという切迫感が彼女たちを動かしている。

それはどこか脱洗脳のプロセスに似ている。親からずっと吹き込まれた「いい子像」

と「かわいそうな母親像」、とことんまで母に尽くさなければ人間として恥ずかしい、どんなに母が自己犠牲を払って自分を育ててくれたか、それに報いるには自分をすべて捧げても足りはしない、母を苦しめるだけの自分などこの世にいないほうがましだ……といった長年堆積した、いわば人生の基本を形成している自罰的で自己否定的な言葉の山を、少しずつ崩していく作業なのだから。

そのためには、明快な手順を踏む方法や、いかにもアメリカ的な定式化された方法などがあるが、これまでの経験から、グループにおいて語り・聞くこと以外に決定打はないと考えている。生まれてからずっともっとも身近だった人＝母のことを整理するには、これ以上ないほど込み入った多層的な作業が求められるだろう。複雑なことは複雑なままに、これが私の信念である。

グループは家族礼賛の空気からのアジール（避難所）であり、仲間とのつながりによって親との距離をつくる場であり、自らの経験を形容する新しい言葉と考えを吸収する場でもある。時に、私の存在は、支配的価値からの離脱に伴う彼女たちの不安や漂流感に対する錨《いかり》なのかもしれないと思う。グループに参加すれば必ず私がそこにいるという事実が、どれほどの安心感をもたらすかについてふだんあまり考えたことはないが、もしそうであるならば、ゼロから立ち上げたＡＣＧⅡをここまで実践してきたことに意味があったのではないかと思う。

１クールの最終回に生育歴を一つの「研究」としてまとめて発表し、他のメンバー全員が述べる感想を聞いている姿を見ていると、私の目には、毎回その場面が、言葉という花束が参加者全員から語り手に贈られているように映るのである。

19　離脱か和解か

姉の死と転職

さて、少し視点を未来に転じると、母と娘の関係は修復可能か、「和解」できるのかという重いテーマにたどり着かざるをえない。和解・修復について、ひとりの女性を例にとりながら考えてみたい。

45歳のナオコさんは、もともと建築関係の仕事に就いていたが、姉の死をきっかけに官庁の事務職に転職して15年経った。20歳から摂食障害を患っていた3歳上の姉は、症状が軽快し始めたころに突然心不全で亡くなったのだ。姉はピアノも中学受験も、発症するまでは母の敷いた路線どおり完璧に走り続けた人だった。母の関心が姉に集中していたおかげで、比較的ナオコさんは自由でいられたが、いっぽうで優秀な姉にコンプレックスを抱いていた。

姉の死後、母は半狂乱になったが、それとは対照的に父はいつもどおり冷静だった。

葬儀や雑務を淡々とこなし、ある日姉の思い出の品をすべて整理業者に頼んで廃棄してしまった。「いつまでも過去にこだわっていても仕方がないじゃないか、前向きに生きるしかないんだ」と滔々と述べる父は、ナオコさんの幼いころから合理性に最高の価値を置く人だった。母はいつも「あの人はね、血も涙もないの」と嘆いていた。まるでプログラミングされたかのように生きる父は、理系の研究者としては優秀だった。

姉の死後、母の関心は急激にナオコさんに向かうことになった。父とはますます疎遠になった母は、毎晩嘆きと恨みの言葉をナオコさんに聞いてもらいながら眠りに就くのが日課となった。そうしなければ、母は自殺するのではないかと思ったので、しばらく経って比較的時間にゆとりのある現在の仕事に転職した。

それまでほとんど見ないようにしてきた両親の姿、そして姉の人生について、徐々に見えてくるものがあった。一切感情のない父と、情緒的に激しく不安定な母との崩壊した夫婦関係にまったく気づかなかった、そのぶん姉に負担をかけてしまったのかもしれない。母に何の抵抗もせず、騎手である母を乗せて全力疾走した姉は、摂食障害が回復すれば、母からのあの強烈な期待が再び自分を支配するかもしれないと感知していたのではないか。病気の地獄には戻りたくない、でも母の期待どおりの娘として生きることもできない。そんな両極のはざまで姉は亡くなった。それは一種の自殺だったのかもしれない。そう思い至ったナオコさんは、姉への罪悪感に押し潰されるような気がした。

もっと姉の状況を理解していれば、いっしょに母を支えていれば、姉は死ななくて済んだのかもしれない。

母を見殺しにするのではないか

姉に回復の兆しが見られたころ、当時交際していた男性からプロポーズを受けた。同じ設計事務所に出入りしていた彼は、大学院を修了後留学することになり、大学のあるアメリカ東海岸の都市でいっしょに暮らさないかと、希望に満ちた眼差しでナオコさんを誘った。返事をためらっているうちに、姉が亡くなり、家族は急変してしまった。

彼といっしょにアメリカで暮らすことは、どれほどすばらしいことだろう。そのいっぽうで、アメリカに発《た》つことは、姉を失い、自分しか支える者のいない母を見捨てることになるのではないか、母を見殺しにすることで果たして幸せになれるのだろうか。

考えあぐねた末に、ナオコさんは彼と別れることを決意した。生まれて初めて人生をともにしてもいいと思った男性だった。最後に会った日、イギリス大使館前のお濠端の道は、桜が満開だった。夕暮れの冷たい風を受けて二人で歩きながら、彼が衝撃を受けているのがよくわかった。桜の季節を迎えると、今でもナオコさんの心はざわつく。

鏡に映った顔

45歳になったナオコさんは、ある晩、入浴後にまじまじと鏡の中の自分の顔を見つめた。そこには、確実に中年期を迎えた女性の顔が映っていた。深いため息をついてからふっと振り向くと、いつのまにか母が背後に立っていた。改めてその顔を眺めたナオコさんは身震いをした。恐ろしいことに、母の容貌は年を取るどころか15年前のままなのだ。73歳なのに肌はつやつやとして、白髪まじりの毛髪は盛り上がっている。いったいこれはどういうことなのだろう。このエネルギーはどこから湧いてくるのだろう。数年後の、若さを失った自分と母が並んでいる光景が目に浮かぶような気がした。

今の自分は、姉がたどった道をなぞっているのではないか。母を支えるために彼と別れ、仕事をあきらめ、母の話の聞き手になり、休みの日には母の好みの観劇に付き合う。母に秘密はつくらず、日課はすべて母に報告し、感情すら母がお見通しであるような生活。

突然止めようもない衝動に駆られ、ナオコさんは母に向かって叫んでいた。

「もうたくさん！　こんな生活」

ああ、母は傷ついただろう、あやまらなければ。ところが母からは思いがけない言葉が返ってきた。

「ナオコ、そろそろ更年期じゃないの？　そんな不安定になって。ちゃんと受診しなさい」

二つの望み

鏡の一件から1週間後、ナオコさんは初めてカウンセリングを訪れた。「今望んでいらっしゃることはなんでしょう」という私からの質問に対して、ナオコさんは「矛盾しているようですが」と前置きし、二つのことを語った。

①母は不幸な生い立ちゆえに、父と結婚することで家族の足場を得、姉をもうけることで果たせなかった望みを実現しようとしました。自慢の姉が戦線離脱した後は、今度は私を精神的パートナーにすることで、父との砂漠のような生活を潤したのです。最期は私が看取ることを確信していましたから老後の不安もありませんでした。母の不安も孤独も、すべて私がまるでカウンセラーのように解消していたのです。私から日々エネルギーを奪うことで母はいつまでも若いのでしょう。私はあの家を出たいのです。まだ間に合うはずです。今こそ母を捨てて、母の人生を母に返したい。あの桜の季節から止まっている時間を取り戻したいのです。

②できることなら、私の思いや苦しみを母が理解してくれ、あやまってほしいんです。母の人生を引き受けなければと思って、どれだけのものをあきらめたかをわかってもらいたいのです。「悪かったね……」とひとこと言ってくれるだけで、すべては氷解するような気がします。姉亡きあとは、母と父だけが血のつながった家族なんです。だから

なんとか母を赦《ゆる》したい、あの家でともに暮らしながら、母から解放されて私らしく生きていけたらと思います。

DVとの共通性

ナオコさんの望みは、①母から逃げる・離れるという離脱、②和解・赦しの二つである。この二つはDVの解決と共通している。日本のDVの被害者支援は、妻（被害者）に逃げることを勧め、シェルター入所などを経て、夫から姿を隠して別の場所で生きることを第一の目的としている。これは①の離脱にあたる。いっぽう近年、少しずつDV加害者への介入が生まれつつある。被害者による告訴→加害者の逮捕・勾留→DV加害者プログラム参加を提案して方向づける、という流れである。被害者がすべてを捨てて逃げるしかない①はあまりに不平等で被害者に負担が大きい。加害者が再度暴力をふるわないよう、被害者に責任をとるように方向づける介入こそ必要なのだ。これは②の和解・修復にあたる。母娘問題も、母が娘にあやまり、考えと行動を変化させる②が、娘にはもっとも負担が少ない解決であることは言うまでもない。

DVと母娘問題が似ているのは、夫婦も親子（母娘）も、ともに非対称的な力関係から成り立っているからだ。夫と妻は現実には差異と不平等に満ちた関係にあり、母と娘も一見暴力とは無縁であるが「愛情という名の支配」関係にある。力の優位にあるものは、自らの加害を正義と読み換え、被害者に問題があると思う。ＤＶをふるった夫は妻が自分を怒らせたと言う。娘から異議申し立てされた母は、娘の側の問題だと言う。そして、あんないい娘がおかしくなった原因として、ほとんどの母がうつ・新興宗教・男・更年期を挙げる。第17章で挙げた三大原因説に更年期を加えたものを、母の四大原因説と呼びたい。

カウンセラーに介入を期待する娘

すでに述べたように、ＤＶの場合は警察などの介入で②の可能性が生まれつつある。しかし母娘に介入できるのは誰か。言うまでもなく、それは夫（娘の父）である。しかしいっこうにそう指摘されないのはなぜだろう。おそらく期待値がゼロなのだ。そもそも夫婦関係が崩壊しているからこそ、母から娘への過剰な執着や一体化、支配が生じるのだから、夫に介入的役割が取れるはずもない、誰もがそうあきらめているのだ。めんどうな事態から逃避できるので父親にとっても好都合なのだ。

そんな父に代わって期待されるのがカウンセラーである。

「母親をなんとか連れてきますので、先生会ってやってください。そして母に私の気持ちをわからせて、反省させてください」という女性たちは後を絶たない。大岡越前守のようにお白洲で母親に裁きを下すことなど、カウンセラーにできるはずもない。娘たちの気持ちは痛いほどわかるが、残念だがそんな奇跡を起こすことはできない。

介入によらず母が変わるとすれば、娘を失う、娘が死ぬ、娘から殺される、死に瀕する病気になるといった危機＝死に直面するときである。どれだけ娘が泣いて訴えたとしても、切々と手紙やメールで真情を伝えたとしても、それで母親たちがこれまでの娘への態度を深く反省することはないのだ。何人かの、娘から断絶を言い渡された母たちにカウンセリングでお会いしてきた経験からそう思う。今後母親改造のすばらしいアイデアが生まれる可能性もないとすれば、何が現実的かを考えるべきだろう。母への期待や希望が打ち砕かれるプロセスの残酷さを思うと、そのエネルギーを前章で述べた仲間とのつながりを形成するために使ったほうがいい。

離脱（距離をとること）と母親研究

和解という言葉の危険性にも触れておこう。娘たちはしばしば和解しなさいという圧力を受ける。「親子なんだから」という眼差しは世の中に満ちている。喧嘩両成敗という言葉はそこではなぜか影をひそめ、娘が一方的に責められるのだ。母娘問題は娘の側からの異議申し立てから生まれたのだが、それにしてもなぜ母たちは修正や謝罪を求められないのだろう。こんな非対称性を目の当たりにすると、安易な和解や赦しという言葉は危険だと思う。世間の常識は、相互的批判ではなく、娘の側だけを対象とするからだ。おわかりのように、解決のためには②よりも①の離脱のほうが現実的なのだ。離脱とは距離をとることだが、逃げるなどの空間的な距離ばかりではない。家庭内別居の夫婦のように、同居していても言葉づかいによって十分に距離をとることはできる。

そしてもう一つの離脱が、母親という一人の女性をどのようにとらえるか、なぜあのような生き方しかできなかったのか、何が母にとって大きな挫折・転機・トラウマだったのかを研究することである。母親研究とは、母に対する「メタ認知」を形成することである。同じ地平に立っていると見えない光景が、ドローンにカメラを搭載すれば異なる地形として見えてくるようなものである。つまり、娘が高度を上げること、母という存在をはるか上空から俯瞰する位置取りを獲得すること。これがもっとも大切な離脱だと思う。

DV被害者に対して「知は力なり」と伝えるようにしている。DVをふるう夫の認知の仕組みや成り立ちについて知識をもつことが、最大の力になるのだ。同じく母親研究をすることで、母の形成過程を知ることができる。この解析・文脈化こそが、母の強力な磁場に取り込まれないための力になり、母からの呪文を解く力にもなるのだ。

家族における夫（父）の消滅

すでに述べたように、母娘問題における介入的役割は、原則的に言えば父親だけが果たすことができる。しかし多くの娘たちから期待の埒外とされる父とはいったい何だろう。長年連れ添った妻に対して「もう一回やり直そう」「娘には娘の人生がある、僕たちの老後に娘を巻き込まないようにしよう」と言うことなど、気恥ずかしくてできないのだろうか。虚しさを感じながらも繰り返して言う。夫婦単位で行動する時間を増やし、妻がこれまでどのように生きてきて、今何を感じ考えているかにもう少し関心を注いでもらいたい。母娘問題とは、「家族における夫（父）の消滅」の別の表現なのかもしれないのだから。

２０１７年の1月から3月までNHKドラマ10で放映された全8回の「お母さん、娘をやめていいですか？」というドラマをご存じだろうか。主演のお二人は斉藤由貴さんと波瑠さん、脚本は井上由美子さんというすばらしいタッグで、私は臨床心理考証の担当者として、準備段階から約1年間かかわった。全国からの想像以上の反響に驚いているが、視聴者へのメッセージとして番組ホームページに掲載された私の文章を、最後に転載する。

　このドラマは一見母と娘の関係だけを書いているように見えますが、陰のテーマは父親（男性）なのです。そもそも家族が誕生するのは、一組の男性と女性が結婚するからです。もちろん近年の同性婚や事実婚もそこには含まれます。二人がいったんは「愛を誓う」ことから始まる家族は、「愛の結晶」としての子どもをもうけることになります。そこから母と娘の物語がはじまるのです。順序から考えれば、父と母の組み合わせが先にあっての母と娘であり、その逆ではないということを強調したいと思います。

長い結婚生活を過ごしながら、失望、裏切り、いさかいなどを経て夫婦は年を重ねていきます。家族の要《かなめ》である夫婦の関係が変質することで、どれほど大きな影響が子どもに表れるかは筆舌に尽くしがたいものがあります。このところよく目にするようになった言葉に面前DV（子供の目の前で親の一方がもう一人の親に暴力をふるうこと）があります。これが心理的虐待にあたるとして、児童相談所に通報されるようになりました。たとえこのような暴力がなくても、母が父への不満や愚痴、時には怒りを子どもに垂れ流すと、子どもは母が壊れてしまわないように全身全霊で母を支えるようになります。そして母の味方になって父を敵視するようにさえなるのです。自分のことより、まず母を優先するために、母の感情を読み取り母の期待を先取りするようになります。アダルト・チルドレン（AC）という言葉が広がることで、いい子の苦しみがなぜ生まれるかが多くのひとたちに知られるようになりました。

このような父と母の関係の崩壊、希薄化、対立が母娘関係の背景になっていることは間違いありません。多くの父親は、暴力をふるわない、ギャンブルや酒の問題もない、まじめに仕事さえしていれば合格点と思っています。その安心感のせいか、妻が何を考えているか、妻が孤独ではないか、といった人として当たり前の関心を失っていきます。関心を払われないということは、人として扱われていないことなのです。

夫の静かな無関心は、愛を誓い夫婦の絆を信じていた強さに反比例して、深い失望感と裏切られ感を妻にもたらします。母たちが夫にリベンジし、人生を生き直すために、期待どおりに行動し、素直で、時には母親のようにやさしい娘ほど最適な執着の対象はありません。娘さえいれば夫なんて、という母親たちを「毒母」と批判し、切って捨てることは簡単です。むしろ背景にこのような彼女たちの挫折、孤独をくみとっていく必要があると思います。母娘問題のひとつの出口は、母と父の関係が再び築けるかどうかにかかっているのです。

いっぽう、娘が母から離れるためにも、男性の存在が大きな鍵を握ります。結婚している娘たちも、夫が自分と母の関係を理解してくれ、時には防御壁になってくれることで母と距離をとり安心して暮らせるようになるのです。このように、母娘問題は、とかく祖母・母・娘の女性だけの問題、世代連鎖として語られがちですが、父と母の夫婦関係、娘の恋人・夫婦関係こそが、泥沼化することを防ぎ、出口を示してくれると思っています。

20 存在感を増す祖母たち

カウンセリングでよく出会う祖母の姿を三つのパターンとして挙げよう。

祖母の三つのパターン

①娘から孫へとターゲットを移動させる母

幼いころからピアニストになるべくすべての時間をピアノのレッスンに投じるように育てられてきたマリコさんは、音大に入って九州の実家を出てから初めて母を裏切った。才能ある友人たちが増えるにつけ自分の能力の限界を突き付けられ、どうしていいかわからなくなったときに、知人たちに誘われてバンドを組むことにしたのだ。激怒した母は「これまでの学費を返しなさい」と巨額の請求書を送りつけてきたが、マリコさんは無視をして、大学も中退し住所も知らせないようにした。生まれて初めて自由に音楽を楽しめる生活は、人生を取り戻したかのように充実していたが、同時に経済的不安定も意味した。昼間のバイトとバンド活動を掛け持ちするうちに、親しくなったバンド仲間との間で妊娠が発覚した。母はこっそりマリコさんの動静を探っていたのか、ある日突然バイト先のイタリア料理店に現れたのである。

母は中絶を命じたが、それだけは拒絶し、マリコさんは交換条件として九州の実家に戻ることを承諾した。大騒動の末に相手の男性は実家の仕事を継ぎ、今では3歳になった娘と、両親との半同居の生活を送っている。ある日母が娘にピアノを習わせたらどうかと持ち掛けた。「あんたみたいに中途半端にさせたくないのよ」、この言葉を聞いた瞬間、自分と同じ苦しみを娘には絶対に味わわせたくない、私が母との防波堤にならなければ、とマリコさんは強く誓った。

②娘から祖母を奪う権利はないと判断した女性

幼稚園の娘が帰宅後、ミチコさんに尋ねた。「ねえ、わたしのおばあちゃんってどこに住んでるの？」。これまでなんとか避けてきた問題に向き合わなければならない時が来たと思った。GWや長い休みの後は、お友達が「おじいちゃんやおばあちゃんと会ってきた」という話をするらしい。これまでは、おばあちゃんは忙しいの、遠いところに住んでるからね、とはぐらかしてきたが、もうそれも無理だ。

夜、娘が寝てから夫にそのことを相談した。夫は母から受けた数々の虐待のすべてを聞いてくれ、「君が納得できるまで会うのは無理じゃないか」と理解を示してくれた。娘の出産だけは母に知らせたが、それ以降は「うつ病」を理由に夫が前面に立って母との接触を防いでくれた。確かに自分のことだけ考えれば、このまま「おばあちゃんは死んじゃったのよ」と嘘をつきとおせばいいだろう。でもそれは娘から祖母という存在を奪うことになるのではないか。孫である娘は、私が見た母と異なる祖母像を見るかもしれないではないか。熟慮の末にミチコさんは、心配する夫に感謝しながら、次の夏休みに初めて母に娘を会わせる覚悟を決めた。

「夏休みはね、おばあちゃんちに行くことにしたよ。新幹線に乗ってね」、それを聞いた娘は大はしゃぎで、8月のカレンダーにまだ見ぬ祖母の顔をクレヨンで描き込んだ。大きな不安を抱きながらも、娘の喜ぶさまを見ながら、ミチコさんは自分の決断を後悔しないでおこうと思った。

③ 祖母の操り人形である母と孫

38歳独身のカナコさんは、現在72歳の母と75歳の父、離婚して息子を連れて実家に戻っている41歳の姉との5人暮らしだ。13歳になった甥のことで来談し、次のように語った。

「もともと姉はおとなしい人で母に逆らったこともありませんでした。進学も結婚もすべて母が仕切り、相手の浮気が発覚するとさっさと離婚させて実家に戻らせたのです。

それ以降姉は、すべてに無気力で昼間も横になり、甥の育児も母任せの生活でした。食事も異常で、みんなの食事量の半分以下しか口にせず、この1年で体重が5キロ以上減少しています。母はそんな姉のことを心配するどころか、甥の勉強と進学のことで頭がいっぱいなんです。中学受験も父が塾の送り迎え、母が食事管理と身の回りの世話をして、有名私立中に合格しました。ところが夏休み明けから登校しぶりが始まり、10月くらいからほとんど登校できなくなりました。母は、孫の状態を『母親がしっかりしないからだ』と姉を責め、姉は黙って母の叱責を受けてますます痩せていくのです。甥はそんな祖母（母）に最近物を投げつけるようになりました。夜はずっとゲームばかりしているようです。

姉に比べて私は母に反抗ばかりしていました。日常生活すべてに干渉され、母のおめがねにかなわないと洋服も買ってもらえなかったので、とにかく勉強して早く母から離れようと思ったのです。幸い成績はよかったので、進学と就職は母に文句を言わせませんでした。そんな私のぶんまで姉が背負い込んだのではないかと思ってしまいます。でも今の心配は、このままでは甥が母を殺してしまうんじゃないかということです。孫の祖母殺しというニュースを見ると他人事ではありません」

以上三つは、母の支配が娘から孫にかけても影響を与えている例だ。①と②は、母からの支配に自覚的な娘たちのパターンである。接触を断つことなど不可能なら、できるだけ祖母の影響が孫に及ばないようにしよう、そのためにはどうしたらいいのかと苦慮している。ミチコさんのような子どもを母に会わせるという決断をする女性は多く、母への不満をできるだけ子どもに伝えないように涙ぐましい努力をしている。自分の母が愚痴を垂れ流していたからこそ、娘には母の悪口を言わないようにしようとするのだ。

してはいけないリストが連鎖を防ぐ

このように、母と娘にはさまれサンドイッチ状態にある女性の苦悩は、世代間連鎖がいとも簡単に起きてしまうという脅迫的言説を覆すものである。自分が受けてきた支配を十二分に自覚することで、同じような行動を子どもに対して繰り返すまいという決意が生まれ、何をしてはいけないかのリストができる。このリストの存在は、行動変容に欠かせない。禁止だけでは「じゃあどうすればいいかわからないではないか」と反論する人がいるが、それは非現実的である。

他人の物を盗んではいけないという禁止があるからこそ、行為の可能性が見えてくる。制限速度があり、車間距離があるからこそ運転技術が確立する。戒律があり、ルールがあるからこそ、自由が生まれると言ってもいい。母からされてきた記憶から、これだけはしてはいけないというリストをもつ母のほうが、子育ての指針をもちやすいのである。

第三者という外部の重要性

それと対照的な、母の支配に一見無自覚な娘の例が③のカナコさんの姉である。姉は母に対して抵抗することなく、まるで操り人形のような人生を送ってきた。こう書くといかにも姉が唯々諾々と従順であるかのように誤解されがちだ。M・フーコーによる「権力」とは、直接暴力で強制しなくても、あたかも自らすすんで従うように支配することを指すが、まさに姉の従順さは母の「権力」による支配によって生じたものだろう。世界の大きさはこれだけである、それ以外であなたは生きられない、だからこの空間があなたの世界なのだと。このような定義は母親によってしかなしえないが、その定義を信じなければ子どもは生存できないのだ。あらゆる監禁・拘束はこのように相手がすすんで信じるところから生まれる。

姉はこうやって母の提案や指示どおりの人生を送った。それは結婚という人生の転機によっても覆されることなく、むしろ娘の離婚という不幸を救済することで、母の支配は盤石になっていく。

カナコさんの姉は、何も考えず母におんぶにだっこというお気楽な状態だったはずはない。息子に対して「申し訳ない、こんなふがいない母で」と思えば思うほど「ふがいなさ」は増す。自分を否定し意志でなんとか変えようとすればするほどその状態がひどくなる、これはアディクション（嗜癖）に見られるパラドックスと同じである。こうやって姉は追い詰められ、一種の摂食障害的症状を呈しやせ細っていく。

13歳の孫にとって、これは出口なしの状況である。自分が学校に行けないことで母が祖母から責められ苦しんでいる、それを毎日見なくてはならない。母に代わって祖母の期待どおりになることがこの家で生きることであり、ひいては母を救うことになる。でも自分にはそれは無理だということもわかっている。おそらく13歳であっても、息詰まるような家族の中でこれくらいのことは直観しているはずだ。

唯一の救いは、カナコさんの存在である。母の支配を免れ、外部の空気を運んでくる第三者としての役割は大きい。外部の存在がなければ、孫に何らかの問題行動が出現するか、さもなくば近年増加している孫による祖母（祖父）殺しといった事件化の危険性もある。カウンセラーとしては、通気口的役割を担うカナコさんをとおしてこの家族に介入することになるだろう。

娘より孫が大切な祖母

いっぽうで、祖母の立場からカウンセリングに来談する人もいる。62歳のカズコさんは、35歳の娘と5歳の孫のことで相談に訪れた。2年前に当時3歳の孫を連れて、「しばらく置いてくれないか」と娘が突然実家に戻ってきた。カズコさん夫婦は驚いたが、憔悴した娘の様子から詳しいことを聞くこともはばかられた。そのうちに、結婚当初からの夫のDVが離婚の遠因だったことがわかり、調停を経て離婚が成立した。娘はその後転職し、前夫から養育費も支払われることになり、実家から徒歩10分の距離にあるマンションに住むことになった。

そのころから娘の様子が不安定となり、頻繁に実家を訪れるようになった。仕事帰りに保育園から孫を連れてきて、食事をともにし入浴させて眠る間際にマンションに戻っていく、土日はほとんどを実家ですごすという日常が定着した。困ったのは、娘がカズコさんに対して「あんな結婚をしたのはあんたたちのせいだ」「自分が母親失格だったことを認めなさい」などと責めるようになったことだ。もともと繊細な娘だったが、それほど育児に困ったこともなく、進学、就職、結婚と順調に人生を切り開いていく姿に誇りさえ抱いていた。カズコさんはショックを受け、娘が帰ってから夫に泣いて訴えたりしたが、問題はそれだけでは済まなかった。孫を叱りつける様子が尋常ではないのだ。娘の指示に従わないと、あやまるまで食事を与えないのだ。いっしょに食卓を囲みながら、孫があまりにかわいそうで「いいじゃない、もう許してあげたら」と言おうものなら、「私の子どもよ、口出ししないで！」と怒鳴りつけ、もっとひどく孫を叱りつけるのだ。それからは、孫が苦しまないためにも、娘の態度を問題にしないように努めている。しかし入浴中の激しい怒鳴り声や、怯えた孫の目つきを見るにつけ、これは虐待ではないかと考えるようになった。

孫を寝かしつけてから、一度夫婦で穏やかに娘と話し合おうとした。その時娘から語られた言葉は想像もしなかったものだった。要約すれば「もう私の人生は失敗の烙印を押されてしまった、そもそも結婚が失敗だった。あなたたちは私がどれほど努力して中学高校に通ったか知らないだろう。激しいいじめにも遭ったけれど一言も泣き言を言わなかった。ひそかに精神科にも通ったことも知らないだろう。そもそも親に弱みを見せてはいけないと考えていたからだ。ほめられもせず、とにかく自立しなさいとしか言われなかった。自立って聞こえはいいけど、あなたたちの価値観に沿って走れという命令ではないか」

「こうしてすべて失敗して、初めてあなたたちに思いを言えるようになったのだ。別れた夫はこんなひどい私をよくわかっていたからこそ、怒って暴力をふるった。たった一人の大切な子どもに対して、あなたたちがいい祖父母ぶって自己満足に浸ることだけは許せないのだ」

ショックを受けたカズコさんは、娘は混乱しているに違いない、どこか適切な病院を紹介してほしいと訴えた。そして「孫だけは救ってあげたいんです」と涙を浮かべた。

孫の存在によって可視化されるもの

それまで順調に人生を歩んでいたと思っていた娘が、なんらかの理由で離婚し実家に戻って再度母との生活をスタートさせる。それと同時に母への激しい攻撃が始まるという例は珍しくない。来談の契機も、自分が責められているからではなく、孫がかわいそう、孫への影響が心配というのも共通している。

カズコさんの娘の言葉から浮かび上がるのは、母から見て順調だったこれまでの人生が実はとても苦しかったこと、誰にも頼れずに一人で抱えて成人したこと、それを想像すらできなかった母への抗議である。路線を外れて初めて、思い切ってそれを露わに表現できるようになることもある。しばしばこのような親への抗議は単なる「責め」となり、習慣化して自己目的化しがちである。このような場合、カズコさんのように、祖母の関心はむしろ孫に向かってしまい、娘の不安定さは病気ではないかと片づけようとする。娘からの抗議を正面から受け止めようとはしないのだ。この悲劇的とも思えるすれ違いが、さらに娘を激昂させて不安定な言動につながるという悪循環が生まれることが多い。

孫へのむき出しの愛情

娘を苛立たせるもう一つのきっかけは、孫に対する両親のむき出しの愛情である。孫に対して、一度も見たことのないような「愛情に満ちた」顔を見せるとき、いったい自分が見てきたものは何だったのか、と当惑するのだ。鬼のようだった父親が孫に対しては相好を崩すのを見て、本当に子どもを見せてやってよかった……という世間話はありふれているが、それは一面的だろう。親の愛情が欲しくて自分の子どもに嫉妬してるんだろう、というのも見当違いではないか。おそらく娘が抱くのは不条理感に近いものではないだろうか。私が生んだ子どもに対して、私を生んだ母親がこれまで一度も見せたことのない表情をする。私への無関心は相変わらずなのに……ということだろう。別の女性は、出産後母親が孫に見せた表情を見た瞬間、この子を奪われるのではないかと思ったと言う。これまでずっと無表情で無関心だった母が、娘である自分ではなく、わが子(孫)に初めて人間らしい顔を見せることがどれほど衝撃的で不可解なのかをよく表している。カズコさんの娘も、このような体験をしていたのではないかと想像する。

このように孫の登場は、娘の緊張感を増す要因となることが多く、世間で言われるように母との関係が円滑になるわけではない。たしかに幼い子どもは、家族全員の関心を集めることで、家族関係を調停する役割を果たす。しかし、成長するに伴って祖母による新たな支配が始まることもある。娘が仕事を続けるためには、今の社会状況では保育園の送迎も含めて祖母の援助が欠かせない。そのためには、夫ではなく妻の実家の近くに住むという選択が一般的となり、祖母が娘の家族にいつのまにか入り込んでしまうのである。

終章　母・娘・祖母が共存するための提言

さまざまな視点から、できるだけリアルに母と娘の関係について述べてきたが、本書の目的は母を一方的に断罪することではない。母も、もう一人の当事者なのだから。繰り返し書いてきたように、重要なのは自分がどの立ち位置にいるかというポジショナリティである。娘の立場か、母の立場か。中には祖母や孫の立場の人もいるかもしれない。それによってとらえ方・感じ方が変わることを理解していただきたい。客観的に正しい唯一の視点があるわけではないからだ。どの立場から読むのかを、自分に問いかけてもらいたい。

最終章にあたって、これからの指針になるように、三者それぞれに別々の提言をしたい。

祖母であるあなたに↓　基本的な優先順位の図式をまず頭の中に入れておきましょう。

第一はあなた自身のための時間を最優先しましょう。次に配偶者との関係です。どんなに相手に対して飽き飽きしていても、健康で過ごせるだけで十分と考え、要求水準を下げることで、同じ空間で暮らしましょう。その次にくるのが孫との関係、ではなく、娘夫婦との関係です。孫はかわいい、ずっといっしょにいたいと思っても、その指令塔は娘夫婦なのです。育児方針は娘に従いましょう。時に、娘からの要求（孫が病気だから一日来てほしい）があっても、それに応じるかどうかはあなたの判断です。無理に時間をつくって孫のめんどうを見たのに少しも感謝してくれない、などと不満が出ないためにも、そのあたりの境界はきちんとつくっておきましょう。

娘の育児方法などについて意見したくなることもあるでしょうが、我慢しましょう。孫に対して娘の悪口を言うなんてもってのほかです。あなたが先に亡くなった後も孫と娘は親子として生きていくのですから、孫が娘夫婦を親として尊敬できるようにバックアップしてあげましょう。利用されるだけでバカみたいと思うことはありません。利用してもらえれば上等です。孫といられるだけで十分ではありませんか。見返りを求めないこと、これこそ無私の愛ではないでしょうか。

孫であるあなたに↓　母親から祖母に対する恨みや怒りなどを聞かされていますか？もう大人になっているのなら、母親と祖母の双方を観察できますね、母親の語る祖母とあなたから見た祖母が一致しない場合があります。たぶん小さいころは母親から見た祖母像が本当と思ってきたでしょう。母親から聞かされる祖母への愚痴を聞かないという選択肢もあなたにはあります。それは父親が聞くべきことであり、娘のあなたには、母親の愚痴を聞く義務も責任もありません。ただ、相当苦労して育ってきたらしいことは理解してあげましょう。

あなたから見た祖母と母親の語る祖母像が一致していたとしても、あくまでそれはパートタイム的な共同戦線にすぎませんので、常に母親と団結する必要はありません。もし一致しない場合は、どちらが本当かなどと考える必要はありません。家族において、そのようなことはしばしば起きます。あなたから見てすばらしい父親と思っても、弟や妹からはひどい父だったという評価は成立しますし、その逆もありうるでしょう。そして、たとえ家族であっても多様なとらえ方があることを知るのは、これからの人生において大きな財産になるはずです。

母であるあなたに↓　娘から突然批判されたり、「あなたが重い」などと言われショックを受けるのは当たり前のことです。そのときついつい弁解したくなったり、親として当たり前のことをしてきたのにどうして！　などと感情的にならないよう、極力努めましょう。ひどく落ち込んだら、そんな自分はけっこう上等な母親だと自信をもってください。ショックを受けないよう、それを娘の病気や宗教などのせいにして自分は悪くないと考える母親のほうが多いからです。誰もが苦しいことから目をそむけたいものです。中でももっとも苦しいのが、良かれと思ってやったことが、相手から責められてしまうことでしょう。意図しない加害性を指摘されることほど苦しいものはありません。その時娘に対して腹が立つかもしれませんが、娘の怒りのほうがはるかに強いはずです。

そこまで突き付けるには、娘にどれだけ勇気が要ったかということに思いを馳せてもらいたいと思います。世間の常識に沿ってこれまで生きてこられたと思いますが、娘の行動にはそれに対する戦いという意味合いも含まれています。そんな勇気とエネルギーを捻出して、あなたに正面から宣言したのです。どうでもいい、母をもう捨ててしまいたいと思えば、そんな行動はとらないはずです。母であるあなたに一抹の期待があるからこその行動だとすれば、娘に対して感謝してもいいくらいでしょう。

一番身近だった娘からの批判を正面から受け止めるには長い時間がかかります。知人ではなく、まず夫に聞いてもらったり、時にはカウンセリングを利用しましょう。それは娘と再び関係回復するためというより、今一度自分を見つめるためにです。そして、娘のことは全部わかっているというのが自分の思い込みだったと認めなければなりません。

もし娘から距離を取りたい、連絡しないでほしいと言われたら、そのとおりにしましょう。過去を振り返って思い当たる点があれば、正直に「ごめんなさい」とあやまりましょう。娘にあやまる親はすばらしいのです。

でもどれだけ反省しても、娘の経験すべてをあなたは理解できないはずです。そのことは知っておく必要があります。親子とは言えその不可能性を自覚していることが、母親として大切なポイントでしょう。親子だからいずれ理解し合えるといった甘いものではありません。まるで母親失格ではないか、と思われるかもしれませんが、否認したり無自覚な親ほど最悪のものはないと常々考えている立場からは、悩み苦しむだけでも良質ではないかと思います。あなたの人生において、母親であることがすべてではないことに気づくことができれば、すばらしいと思います。娘と少し距離を取って生きること、それがあなたと娘がこの国において共存できる道であると考えたらどうでしょう。

娘であるあなたに↓　最初から最後まで、基本的に娘の立場に立って書きましたので、本書を読んでいただければ、すべて言い尽くされていると思います。現在、あなたが母とは接触できないと考えているのなら、そのようにされたらどうでしょう。無理に何かをすれば、必ずひずみはあなたに返ってきますのでそれは避けてください。将来についてあまり考えるのはお勧めできませんが、もし諸事情から母との関係を復活させなければならないとすれば、あなたのほうに負担がかかることは覚悟しておく必要があるでしょう。

欧米では、加害者と被害者を分離するだけではなく、修復的司法（Restorative Justice, RJと略す）によってコミュニティに再包摂するという方法・考え方が取り入れられつつあります。そこにおいて重要なのは、両者における力の不均衡を前提とすることです。これを母娘に応用すれば、母は世間の常識と親という力をバックにしていますが、娘はそれに対する反逆者という烙印《らくいん》を押され、罪悪感に満ちているのです。この不均衡を踏まえたうえで、関係の再構築を図るとすれば、娘の側はかなりの負担を覚悟しなければならないでしょう。しかし、ＲＪのような方法や考え方が浸透することで、母との関係に少し展望が開けるかもしれません。

母への恐怖や忌避感がある程度減少するまでは、ご自分の味方になってくれる人をとにかくいっぱいつくりましょう。建物の土台にあたるのがその人たちとのつながりです。もちろん本書のような書籍でもいいでしょう。そうやって積み上げた土台に立つことで、はじめて娘は母との共存が可能になるでしょう。

高齢化する母と娘たち（文庫化に際して）

母娘問題と男性たち

現在まで、『母が重くてたまらない　墓守娘の嘆き』（2008）、『さよなら、お母さん　墓守娘が決断する時』（2011）、『母・娘・祖母が共存するために』（2017）と母娘問題を刊行してきた。単行本を一冊ずつ刊行するたびに、これで全部だと思えるように精一杯のテーマを盛り込んで書いてきた。「その後」があるなどと想像もできなかった。書き終わって一冊になり、さまざまな反応を知ることで不思議なことに次のテーマが出てくるのだった。今回文庫版が刊行されることになり、改めてすべてに目をとおしてみると、やっぱり加筆すべき、新しいテーマに気づかされた。それはAC（アダルト・チルドレン）の男性たちのことであり、母息子問題である。もっとも大きかったのは、高齢化する母についてである。この章では二つの点について述べようと思う。

母と娘の関係がそれほどすんなりいくはずがない、このような考えが多くのひとの頭の片隅をよぎる。そのことだけでも、２００８年に『母が重くてたまらない』を書いた意味があると思える。さて、その意味とは誰にとってなのだろう。もちろん女性たちにとってはまさに当事者として切実であるに違いない。本を書きながら念頭にあったのは女性たちだった。しかし男性にとって無縁のことなのだろうか。

多くの男性は、「女性って大変なんだ、母親とうまくいかないのがふつうだなんて」と憐れむかもしれない。もしくは「やっぱり女って不可解だね、一番身近な母親といがみ合うなんて」と嘆息するかもしれない。自分だって母親から生まれてきたのに、対岸の火事のように眺めて、それをあたかも「客観的」であるかのように錯覚しているのではないか。

「マンスプレイニング」という言葉のように、客観性を装った男性からの上から目線が、母娘問題にはついて回る。それなら大きな声で「母息子問題だって苦しいんだ」と言えばいいのに、なぜかそのようには展開しなかった。おそらくどこかで、彼らに母との関係に苦しんでいると公言することへのストップがかかるのだ。そこには男性のジェンダー規範がかかわっているように思える。父との関係に苦しむ男性は、なぜか「父を乗り越えようとする立派な息子」とされ、共感すら交えて応援モードに入る。ところが母との関係と口に出した途端、制御装置が作動する。今や死語に近いマザコンという言葉が、彼らの中に社会的規範として生きているのかもしれない。自立と成熟に向けて歩むことが父と息子の葛藤であり、母との葛藤は未成熟で恥ずべきである、息子にとってそれが暗黙の規範であるなら、あまりに大きな落差に愕然とさせられる。

しかしACという言葉が1989年にアメリカから日本に入ってきた当時を振り返ってみると、母娘問題の源流には男性たちのサバイバルの姿が見え隠れしている。

「父と息子」の時代

ある時期までは、同性の親子といえば、父と息子だけが取り上げられがちだった。ジグムント・フロイトの精神分析をみればそれはよくわかる。エディプスコンプレックスという精神分析の基本的概念は、息子は象徴的に父を殺すことで成人することを意味する。息子にとっての父は、最初の欲望の対象である母親を奪う存在として立ち現れるのだ。

最初にフロイトの説に触れたとき、まず頭に浮かんだのが「娘はどうなのか？」「女性である私にとって母は欲望の対象なのか」「娘にとって父とは何か」といった数々の疑問だった。ひとつの解決方法は、自分の性別（セクシュアリティ）を無化すること、もしくは自分を男性の目線に同一化することによって、フロイトの学説を理解することだった。このような作業は、自己のアセクシュアル化と呼ぶことができる。性別とは無関係の存在として自己認知することだ。さまざまな場面で「性別の欄に○をつける」ことを迫られてきたが、この5年でやっと日本でも「なし」という第三項が登場するようになった。2000年代の初めだったか、オーストラリアに行く機会があり、入国審査カードの性別欄に「その他」があったことに新鮮な驚きを感じたことを思い出す。

フロイトの説は、女性と自認している人たちにとって、アセクシュアル化、もしくは自認する性別を捨ててマジョリティに同化することなくして理解不能だったのではないだろうか。高名な女性学者が「そもそも女性はバイリンガルである」と語った。臨床心理学を学ぶ入口において、私たちは男性目線でいることを強いられたのである。日常生活は女性語で生き、フロイトを学ぶ時には「男性語」で読み語ったのである。当時の私たちは、それが男性語であるとは思わず、中立な科学的立場だと思っていたのであり、バイリンガルだったことは女性学に触れて初めて気づいたことである。立場性（ポジショナリティ）を自覚しなければ、自分の語っていることがいつのまにか人類一般（Man=男性）の立場になってしまう。自らの性別（女性）の立場から語るには、私たちはバイリンガルではなく、女性語を取り戻す必要がある。カウンセリング経験から出発して母娘問題を考えてきた私は、当事者の女性というポジショナリティから認識し表現してきたことになる。

ＡＣブームをけん引したのは男性だった

意外かもしれないが、ＡＣという言葉を歓迎し、１９９６年以降日本のＡＣブームを支えたのは男性たちだった。本を読み、当時ようやく一般化し始めたインターネットを駆使できたのは、オタクと呼ばれた男性たちで、彼らは今よりはるかに高額だったパソコンを購入し、キーボードを打ち、ブログを書き、ホームページを開設した。当時20〜30代の男性たちが、自分はアダルト・チルドレンだとカムアウトして匿名のホームページで体験を公開したのである。

ＡＣという言葉がアメリカから入ってきた当初の１９９０年代初頭、私は日本で唯一のアディクション（依存症）専門の開業相談機関でカウンセリングに従事していた。ＡＣと自認して来談するクライエントは、男性のほうが多かった。父が入院しているアルコール依存症専門病棟の医師から紹介されたり、『私は親のようにならない』（C・ブラック著、斎藤学監訳、１９８９）を読んだ男性たちが、当時日本で唯一のアディクション専門の相談機関を訪れたのである。

彼らは親との関係や、親にまつわる記憶を語った。当時まだ一般化されていなかった「サバイバル」という言葉が思わず口を衝《つ》いて出てしまうほど、それは壮絶だった。虐待死とほとんど紙一重の親子関係を生き抜いてきた人たちだと思ったのだ。

親ではなく家族を批判する

ACとカムアウトし、カウンセリングに訪れる男性たちは、自分の生まれ育った家族（原家族）に問題があったことに気づいたのである。ACを「機能不全家族で育った人」と定義する書もあり、Dysfunctional Family（機能不全家族）という言葉はあっという間にアディクション関係者に共有されるに至った。自分の育った家族をつくったのは親だから、結果的に親の加害性を批判することに違いはない。でも生まれ育った家族という文脈で語ることと、親（なかでも母親）から支配されていたと語ることは違った。

今から思えば、親ではなく家族を批判するという姿勢を取ることで男性たちはACと自認できたのだ。なぜなら、今に至るまで日本社会の根強くはびこる「親批判は許さじ」の姿勢、親を悪く言うことのタブー化は変わっていないからだ。むしろ強まっているとさえ思える。

今でも地上波のドラマを支えるいくつかの暗黙知（大前提）があるが、そのひとつが親子の愛を不問に付すというものだ。どこかにそれが明文化されているわけではないが、どれほど葛藤し、闘い、不和の極致まで行ったとしても、最後は和解する。ここまで子どもをひどく扱うか、何という親だと思わせても、最期に死の間際になると涙を浮かべて親子は手を握り合う。そんなドラマトゥルギーが強固に守られているのはなぜか。

２０１１年の東日本大震災直後の日本を思い出してほしい。日夜テレビで流されたのは日本広告機構による「絆」礼賛の動画メッセージだった。それらは家族の絆（夫婦ではなく親子）、長幼の序（お年寄りを若者が大切にする）を美しいものとする修身教科書の21世紀版とも言うべき内容だった。つまり、日本という国を成り立たせているのは、家族の秩序（男らしさ・女らしさ、親の愛を疑わない）であり、思いやり（高齢者への）なのである。宗教が前面に出ず、政治的理念（共産主義や民族独立など）ではなく、家族の集合体としての国家（天皇を頂点とする）としてアイデンティティが保たれているのだ。だからこそ、虐待する親は極悪非道として周縁化し切断されなければならない。まともな親と連続していてはならないのだ。障がい者を周縁化することで、健常者が守られるように。

機能不全家族で育った男性たち

90年代末、男性ACは「機能不全家族で」育ったと語っていた。PCを購入した私は、ACのサイトをいくつか訪れてみた。例外なく短調のメロディの音楽が流れ、薄暗い紫色の画面に書かれている内容は彼らの被虐待経験そのものだったが、それ以上に強烈だったのは言外に溢れていた「かわいそうな僕」という叫びだった。どう表現していいのか迷うが、あまり使いたくはないが溢れんばかりの自己愛的なものを感じさせられた。彼らはACという言葉によって初めて生まれ育った家族を批判的に語ることができたのである。明確に「親（父・母）」と言わず、家族がひどかった（機能不全家族）と表現することで、親批判・母批判のタブーにも抵触することなく、自らのサバイバルを語ることができたのである。ACの自助グループも、ACの男性たちによっていくつか立ち上げられたのだ。

母娘問題と別の文脈で語られがちであるが、90年代から2000年代初めにかけて多くの男性たちが、インターネットという匿名の世界で「機能不全家族」に育った自分はACだと声高に主張した時代があったことは記憶されるべきだと思う。

時は流れて誰もが歳をとった

2008年に最初の母娘の本を著してから16年という歳月が過ぎた。負け犬世代とかロスジェネ世代と呼ばれた娘たちも50歳を超え、中には還暦に手が届こうかというひともいる。

その母親たちは高齢者となり80歳を超える。本書『母は不幸しか語らない　母・娘・祖母の共存』は「団塊世代」を中核にすえ、団塊世代がつくった家族・娘としての団塊女性を中心に論じた。

世の中に目を転じれば、現在、母親との関係で苦しむ人たちは、飛躍的に広がっている。あまり使用したくない言葉である「毒母」「毒親」がメディアとＳＮＳによって流通したことも大きいだろう。中学生の少女だって母との関係に葛藤し、女子高校生は「母親の期待に応えられない自分」を許せないで手首を切ったりする。少しオーバーかもしれないが、母娘問題はあらゆる世代にひろがったともいえる。10代後半から上は90歳まで、あらゆるライフステージにおいて、母との関係は重要な位置を占めている。言い換えれば、父の姿はどこにもないとも言える。

すでに述べたように、１９９０年代初頭のＡＣのカウンセリングは男性の方が多かった。大きな転換点は、１９９５年に設立したカウンセリングセンターで女性ＡＣのグループカウンセリングを開始したことだった。私が積極的に開始したのではなく、クライエントの女性が「ＡＣのグループが男女混合だと話せないことが多い、信田先生、女性だけのＡＣのグループをつくってください」と言われたのがきっかけだった。男性が参加していると性被害や性虐待被害について話すことができない、そうなるとグループに参加するたびに不全感が残る。彼女はそう語った。

グループカウンセリングの意味

ＡＣとは、もともとはアルコール依存症の親のもとで育って成長したひとのことを指していた。グループを開始する際に、彼女たちの苦しみの多くは飲酒を繰り返し妻や子どもに暴力をふるい、家族の困りものでしかなかった父親に由来するものだろうと思っていた。

ところが、予想は外れた。ここでは詳しく書かないが、父や兄からの性虐待を語る人たちは多かったが、それ以上に口々に語られたのが母との関係だった。生々しく、かつ具体的な彼女たちの言葉によって私の中で生じたのは、「母とはいったい何なのか」という問いかけだった。それが私を女性学に接近させ、近代家族論を学ぶことへと導いたのだ。

さて、グループのすばらしいところは、参加者に共通するものが見えてくる点だ。一対一なら個別として扱われるだけなのに、グループになると共通の部分が見えてくる。それはおそらく参加する女性たちも同じだろう。個人カウンセリングで語ることは自分という個別存在の体験なのだ。ところがグループに参加すると、不思議なことに同じような類似の話が他のメンバーからたくさん語られる。固有であることは、自分だけということだ。それは唯一無二性を強調されるという利点はあるが、孤立無援性にも通じる。ところが類似性を感じることは、「自分だけではない」という「類似的他者」＝仲間の発見につながるのである。

1995年に開始したそのグループで私が得たものは、彼女たちの母親の姿があまりに似ているという発見だった。しかも類似性そのものがバラエティに富んでいたので、いくつかのタイプに分けることができた。

3人の女性たちとその母の物語

年を経るにつれて母の高齢化という大きな問題が登場する。それは2008年当時不穏な予感とともに娘たちの脳裏の片隅にあったはずだ。しかし目前に展開するできごとへの対処で精いっぱいの彼女たちには、そこまで見通す余裕などなかった。遠い未来を考えることで気が遠くなることもあるだろう。せいぜい3か月先しか考えてはいけない、とカウンセリングの場でクライエントに伝えることは珍しくない。

ここで母の高齢化によって生じた3人の娘たちの物語を述べることにする。

①突然倒れたA子さんの母

やっと手に入れた母の影から解放された生活を根底から揺るがすのが、母の老いである。

30歳を目前にして、A子さんはうつ状態になった。地方都市で生まれ育ち、大学も自宅から国立大学に通った。3歳年下の弟よりはるかに成績がよかったA子さんは、いつも母親から「あんたが男やったら褒めよるがね」と言われて育った。親族で国立大に入ったのはA子さんだけだった。本当は東京の大学を受験したかったのに、親戚には娘を東京に出した家はないと言われ断念した。自宅から大学に通い、公務員になって同じ公務員の男性と結婚する。これが母の描いたシナリオだった。

公務員の父親は母には何を言っても無駄だと思っていたのか、自宅では寡黙で酒を飲んで眠るだけの人だった。母は父の給与が低いことをなじり、昇進できない「落ちこぼれ」と呼び、父とは違うやり手の公務員と結婚するのだと幼いころから聞かされて育った。

大学卒業後、A子さんは母の勧める公務員ではなく、金融機関に勤めた。ささやかだが初めての母への抵抗だった。職場の人間関係は厳しく神経をすり減らす日々だったが、やさしい上司だけが頼りだった。やがて2人は不倫関係となり、母親が知るところになった。狂乱した母は台所でA子さんに包丁を突きつけ「おまんが死ぬか、母さんが死ぬかじゃ！」と叫んだ。父も弟も自室から出てこなかった。不思議と恐怖はなかった。「やっぱり……」「何をしても母にはかなわない」そう思ったA子さんは力が抜けた。

上司は転勤させられ、A子さんはうつで休職した。何も考えられず、死ぬことだけが希望に思えた。受診するクリニックの紹介でカウンセリングに通いながらそのことを話すと、母娘問題の本を紹介された。

最初は怖くて読めなかったが、読了してはっきりとわかったことがあった。「母から離れよう」「生きるためにはそれしかない」
カウンセラーの助けもあり、A子さんは東京の法科大学院を受験することにした。娘のすべてを把握していると思っていた母だったが、就職してからの秘密の隠し預金を使って、A子さんは上京した。いくつかの修羅場を経て、実家とは断絶状態となった。弁護士になったA子さんは事実婚のパートナーと暮らしながら、自分と同じような立場の親から逃げてきた女性たちを支援している。数年前には父が亡くなったが、母と会うのを避けるために葬儀を欠席した。母と同居していた弟も、今はシンガポールで働いている。

ある日A子さんに電話が入った。実家のある街の総合病院からだ。母が転倒して救急車で運ばれ、骨折のために手術を受けることになったという。唯一の家族であるA子さんに連絡がきたのだ。

目の前が真っ暗になったが、A子さんの頭の中ではさまざまなシミュレーションが働いた。今後母の手術がうまくいったとしても、一人暮らしはできるだろうか。母の骨折の状態がまだわからないうちからいろいろ想像しても無駄だ。それにしても、母に会うことができるだろうか。新幹線に乗ったとたんに引き返したくならないだろうか。

病院で久々に見る母親は一回り小さくなっていた。母の第一声はこうだった。

「その服高そうやけど、似合っとらんわ」

顔を見た瞬間「ありがとう」と言われたらどうしようと思っていたが、その言葉で妙に安心した。同居していたころから何も変わっていなかった。決して娘を褒めず、戒めと称してA子さんの人生に呪いをかけ続けた母がそのまま目の前にいた。

手術はうまくいったが、80歳の母がこれまで同様に動ける保障はなかった。週に二回、新幹線で病院に通い、必要なことだけ母に伝え、母の言葉に反応すまいと決心した。最低限、人間としてやるべきことをしよう、弁護士である自分に恥じないように義務を果たそう、それだけがA子さんを支えた。

それでも怒りに震えたことが何度もあった。「孫の顔を見ずに死ねない」と言われたときは、思わず「あなたのような母になることが怖くて、私は母にならなかったのだ」と怒鳴ろうとして言葉をのみ込んだ。

②認知症が始まるA子さんの母

頑強に自宅に戻ると主張する母を、とりあえずリハビリ病院に転院させた。驚くほどの頑張りで、母は杖をつけば歩けるまでに回復した。A子さんは法律の知識を駆使し、在宅で得られる援助を探し、地域包括支援センターやリハビリ専門のクリニックに母をつなげた。

自宅でヘルパーさんの介助も始まり、A子さんは週末実家に戻って、買物や家事を手伝って最終の新幹線で帰宅することにした。

ところがヘルパーさんたちからの報告で、「娘が買った食料は食べられない」「少しずつ毒が盛られている」「預金通帳を隠さなければ」と語っていたことがわかった。問い詰めると母は、冷静な口調で言った。

「カズマ（弟）をあんな遠いところにやったんは私を殺すためか？」

A子さんは深呼吸をした。手元近くに刃物があれば刺すところだった。「反応してはいけない」「母の言葉を心の中に入れてはいけない」何度も自分に言い聞かせた。

「違いますよ。カズマはシンガポールでちゃんと働いていますよ」

手が震えたがなんとか言葉を発して帰宅した。その晩は眠れなかったが、ヘルパーさんの言うように認知症の初期症状なのかと思った。しかし、母の目の色を思いだすたびに、そうは思えなかった。幼いころからいつも私を追いつめる時の目だった。母は、私を檻の中に追い詰めて逃げられないようにし、一番私が怯える言葉を発した。父の病気、弟の不登校、すべての元凶は私だ、私の目つき、成績のよさ、体つき、すべてが家族の不幸、そして母自身の不幸を呼び込むものだった。それをありありと思い出した。まるで小学生に戻ったかのように、A子さんは布団の中で過呼吸になった。パートナーが驚き救急車を呼ぶと言った。

「お願いだからもうお母さんを見舞うのはやめてくれないか、このままでは壊れてしまうよ」

涙ながらに語る姿を見ながら、実家でうつ状態になったときと同じだと思った。母から離れなければ、私は死んでしまうとあの時も思った。そうだ、このままでは私は心身ともに壊れてしまう。

A子さんはシンガポールの弟に電話した。手術の時も帰らず、一度も見舞うこともなかった弟に、「このままでは母を殺しそうだ」と伝えた。

その後一時帰国した弟が説得し、母は高齢者向け住宅に入った。認知症は少しずつ進行しているが、職員の人たちからは人気者だという。

A子さんは一度だけ面会に行ったが、コロナの感染拡大でその後は会わなくて済んでいる。母からいつも「殺す」「殺す気か」と言われていた自分が、「母を殺しそうだ」と言うことで母から離れられたことに何とも言えないものを感じた。

③施設入所中のB子さんの母

物心ついたころから、B子さんは母と二人暮らしだった。ときどき父親だという人がやってきて、お土産の本を何冊も買ってきてくれた。

小学校高学年になるころには、父には別の家庭があることがわかった。母はそんな自分の生き方を嘆くことはなかったし、父に文句を言ったり、父の妻のことを悪く言うこともなかった。ただ、誰かに依存しながら生きることが、そういう相手を見つけることが女性の甲斐性《かいしょう》であり、幸せであると考えていた人だった。

B子さんはそんな母の姿がみじめで恥ずかしく、母親と同じ性であること、女性として生まれたことを呪っていた。なぜ自分は女性に生まれたのだと思いながら、絶対に誰かに依存するような人生だけは送らないと心に決めた。

勉強に励み、成績も優秀だったので、県立のトップ校に入学した。B子さんにとっては最高の環境だった。自由な校風で、個性豊かな友人たちは性別にこだわりなく付き合うことができた。家庭環境を引け目に思っていたが、そんなことを気にする友人は誰もいなかった。

その後の人生をなんとか送れたのはあの高校時代の3年間があったからだと思う。

大学に入り、当時まだはしりだったwebデザインの会社でアルバイトをした。バンド活動も楽しみ、アルバイトの収入もあったので卒業後もそれを仕事にしながら生きてきた。ただ、B子さんの人生には、母というお荷物がついてまわった。B子さんが収入を得るようになると「お小遣いちょうだい」とねだる。贅沢をする人ではないが、ぜったいに仕事をしようとしなかった。「スーパーのアルバイトなんかどう？」と勧めても、うんと言ったことがない。依存対象が娘になることで、母は安泰な生活を再び手に入れた。

おなじ会社の男性と結婚をすることになったが、母との同居を承諾してくれたので踏み切れた。夫と母の仲は悪くはなかった。しかし母のおねだりは夫にはどうしても言えなかった。

息子が2人生まれ、B子さんは仕事と育児に疲れ果てていた。しかし彼女が仕事をやめてしまえば、母の依存先が夫になるだろう。それだけは耐えられない。そう思って歯を食いしばって働いた。

夫は穏やかな人だったので、あんな母親を見て育った私だが男を選ぶ目だけは確かだと思っていた。ところがある日夫に愛人がいることが発覚した。母との同居を強いた自分のせいだ、B子さんは激しく自分を責めたが、夫は自分から離れていった。

50歳になったB子さんと息子2人、そして母の4人暮らしが始まった。遠慮する人がいなくなり、母のB子さんへの依存はあからさまになった。このころからB子さんは、息子の学費がかさむことでダブルワークを強いられた。夕方まで働き、いったん自宅にもどり、深夜自転車でコンビニの弁当工場に勤めたのだ。そんな娘の疲労困憊《こんぱい》の姿を見ても、おこづかいをこれまで通りもらおうとする母に対して、B子さんは心底怒りを感じた。

B子さんは知人に相談し、母と世帯分離をすることにした。母に生活保護を申請してもらい、近場のアパートに住まわせることにしたのだ。母の不眠などを理由にしたクリニック受診、医師による診断書作成など、数々の手続きは煩雑だったが、人生で初めて母という荷物を下ろせるなら苦でもなかった。

母に生活保護が支給されることになり、B子さんたちの住まいから徒歩5分のアパートに無事転居も完了した。母という被扶養者のいない生活を生まれて初めて手に入れることができたのだ。息子2人も自立してくれれば、少しは安心して暮らせるかと思っていたら、ある日母が行方不明になった。一度も働いたことがない母なのに、普段から方向感覚だけは鋭い人だったので道に迷うことなどないはずだと思った。暗くなってから警察に保護された母を引き取りに行った際、警察官が認知症の検査をしたほうがいいとこっそりアドバイスをくれた。

やっと別々に暮らせるようになったのに、今度は認知症か。B子さんはがっくりと力が抜けた。そこから一気に母の認知症が進行した。ケアマネージャーにも相談し、B子さんの収入で入所可能な施設を探し、自宅から一番遠い介護施設に母を入所させた。近くの施設だと呼び出される危険性があると思ったからだ。

それでもB子さんは一か月に一度は電車に乗り面会に行った。会うたびに買い物のお金をくれとせがむところは変わらなかった。距離ができることで、母と自分の関係をつくづくと振り返る時間もできたので、母娘問題がテーマの本を何冊も読んだ。それでわかったことがある。母に自分の思いを、幼いころから母の姿を見て考えてきたことを伝える必要があるのだ。無理かもしれないと最初からあきらめることなく、娘に対しての責任を感じてほしいと要求する、それこそが母親をひとりの人間として扱うことであり、ほんとうの意味での親孝行なのだと。

幸い、まだ自分を見分けることもでき、会話も成立する。そうだ、今こそ母に自分の思いを伝えよう。B子さんはできるだけわかりやすく、母に対しての思いを、大きな文字で手紙に書いた。

2週間後、驚いたことに母から手紙が届いた。娘からの手紙に対する返信かと思い、封を切った。便箋に大きな字で書いてあったのは一行だけ。

「梅干しがたべたいです」

だった。

B子さんはしばらく呆然としていた。笑う気にもなれなかった。想像していたが、一生分の思いを書いた娘の手紙をあのひとは読んだのだろうか、内容を理解したのだろうか。それとも読まずに捨てて、そういえば梅干しが食べたいなと思ったので、娘の真似をして大きな字で一行だけの手紙を書いたのだろうか。それともあまりに娘の手紙が突き刺さってつらかったので、たった一行しか書けなかったのだろうか。

B子さんには判断がつかなかった。それに母の気持ちを思いめぐらす必要もないと思った。たぶん、手紙の内容が母にはまったく理解できなかったのだろう。それがいちばん母らしいとも思った。

その後母の施設でコロナが流行し、母も感染した。90歳近いので重症化し、肺炎を併発してＩＣＵに入ることになった。それらが逐一携帯で報告されてくる。B子さんは、これで母とお別れができると思った。

息子たち二人にはばあちゃんが危篤であることを伝えた。息子たちがショックを受ける様子を見ながら、孫をたいして面倒見たわけでもないのに、この二人にとっては長い時間をいっしょに過ごしてくれた祖母だったのだと思った。

葬儀の手はずや場所などを調べていたら、主治医から連絡が入った。覚悟していたB子さんの耳に入ったのは弾んだ声だった。

「すごいですね、お母さんの生命力。肺炎はほとんど峠を越しましたので、明日には一般病棟に移れますよ！」

主治医の腕がいいから生還できたんですよ、と言わんばかりの得意気な声を聴きながら、B子さんは深くため息をついた。

④C子さんは母の死から自分の人生が始まった

警察から突然の連絡が入り、C子さんは母が亡くなったことを知った。夫と2人の子どもには「たいしたことはないから」と伝えて自転車で警察に駆け付けた。40歳のC子さんに知らされたのは、62歳の母が殺害されたことだった。犯人は同棲相手の年下の男性だった。

母が殺された……これがすべての始まりだった。

幼いころから母は、たまにやってきてはすぐ戻っていく人だった。C子さんは叔母の家で育ち、従妹たちとまるで姉妹のように過ごした。時々やってくる女性が「お母さん」であることは幼稚園の時に知った。富士山の見える街だったので、母といっしょに散歩をする時、振り向くたびに富士山が追いかけてくるような気がした。

小学校5年の時に、母親と暮らすことになった。叔母の家を出るのが悲しくて泣いていたら、母は不機嫌になりずんずん先に歩いて行ったので駅まで走って追いかけた。

それからの生活はあまり覚えていないが、小料理屋を営む母から毎日ひどい扱いを受けた。意に添わないと物を投げられるのは当たり前で、今でも残る額の傷は皿を投げられた痕である。

C子さんがカウンセリングに来談したのは、母の死から10年経ってからだ。

「あれからすべての歯車が軋《きし》むようになりました。夫とは家庭内別居状態で、子どもたちともうまくいっていません。母の死は幸い事件化せずに済み、犯人は直ぐ逮捕されました。10年間私は無我夢中でした。目の前のことだけ考えようとしてきましたが、どこに向かっているのか、人生のすべてが不確かなんです。そんなとき母娘問題の本を読んでカウンセリングにやってきました」

C子さんはずっと母とのことを考えないようにしてきた。

「あまりに衝撃的だったのです。最後に見た母の顔が何度もフラッシュバックするので、心療内科で薬を処方してもらったこともあります。前向きになろう、過去を振り向いても意味がない、そう言い聞かせて早朝から新聞配達をしたり、しゃにむに身体を使って働いたりしました。でも本を読んでやっぱり母と自分の間に起きたことを振り返らなければならないと思ったんです。そして何より、母はなぜ殺されなければならなかったのか、母の人生は何だったのかと思ったのです」

C子さんはその後グループカウンセリングに参加し、自分の生育歴をたどり、さらには母の生育歴もたどることにした。彼女にとって唯一安心できる場所だった叔母の家は今はもうないが、従妹のひとりと会うことができた。一緒に育ったころの思い出を話すことで、忘れていた記憶がどんどんよみがえってきた。幼いころ叔母といっしょに乗った単線の電車で40年ぶりに富士山の見える街に行った。路地を歩くと、やっぱり母といっしょの時のように富士山が追いかけてきた。

母の生家は神奈川県の海沿いの街で、魚屋を営んでいたという。6人兄妹だったが母の兄たちは戦争で亡くなり、魚屋も廃業したという。母からはひとことも生まれ育った家族のことを聞かなかったが、戦争の影響が大きかったこともわかった。

戦後の母は、旅館の仲居として働きながら、知り合った男性と結婚しC子さんを生んだ。しかし父である人はすぐに母を捨てていなくなり、C子さんを育てられない母は姉に預けることにした。

その後何人もの男性と暮らしながら飲食店に勤め、C子さんを引き取ったころに母は初めて自分の店を持った。自分は学歴がないから男にバカにされる、おまえは短大まで行くんだよと言い聞かされながら、毎晩のように厨房で手伝わされた。そのころから、母には結局自分しかいないのだから、母を支えて生きることが自分の人生なのだと考えていた。どんな理不尽なことを言われたり、虫けらのように扱われても、それは自分が母の意図を汲んでいなかったからだと考えて、毎日毎日反省ばかりしていた。C子さんの結婚相手も、お店に来るお客さんの中から一番真面目な人を母が選び、知らないうちに見合いがセッティングされていた。母が満足する人ならそれでいいと思い、22歳で結婚した。

ＡＣのグループカウンセリングは10回で1クール、月2回実施なので、5か月で1クールが終了する。10回目には、生育歴を皆の前で発表することになっている。形式は自由だが、ほとんどの人が生育歴を文章にしてそれを読む。Ｃ子さんも、自分の足でたどった記憶、未《いま》だに幻のようで実感のない経験などを生育歴に書いた。グループで発表すると、他のメンバーがそれを読みＣ子さんの語りを聞いて涙を流してくれることもあった。何クールも参加し、その数だけ生育歴を書いた。毎回新しく思い出すことがあり、富士山の見える街にも何回も行き、母の生まれ育った海沿いの街に行って魚屋の痕跡を探してみた。3年ほどグループカウンセリングに参加し、Ｃ子さんが感じたのは、自分の人生はあの母の死から始まったということだった。

それまでは、母のために生きていた、母が何度も挫折と失敗を繰り返すたびに、助け救えるのは自分しかいないと思っていた。母が幸せになれないのは、娘である自分の責任であるとさえ思っていた。ところが母は、Ｃ子さんの知らないところで殺されてしまった。それまでの自分は何だったのか、何をしてきたのだろう。結局母は自分で破滅していったではないか。

死後10年が経ち、グループカウンセリングに参加することで、C子さんは少しずつ変化していった。自分の人生というものがあるのかもしれない、母とは無縁の私が存在することを感じられるようになった。そんな大きな転換には心身の不調も伴ったが、グループカウンセリングの仲間(他のメンバー)の支えがあったから続けられた。魚屋の娘だった一人の少女がどうやって成長したのだろう。戦争ですべてを失ったのに、男性を信じて救われようともがく姿が目に浮かんだ。そして最後は愛したはずの男性に裏切られ殺害されてしまった。それが母の人生だったと思った。

こうして母の人生を描けたことで、自分の人生も描けそうな気がする。C子さんはそう言った。

60歳後半を迎えたC子さんは夫とは別居して、週に3回だけ知人のお店の経理の仕事をしている。2人の子どもはそれぞれ結婚し、近所に住み孫も3人いるのだと語った。今でもときどき母の悪夢を見るんですよ、長くかかりますね。そう語りながら、孫の写真を見せてくれたのだった。

「もっとも悲惨で信じられないほど過酷な経験が仲間の希望になる」

これは敬愛する女性の依存症者が私に語った言葉だ。自助グループについてさまざまな論考があるが、グループをとおして回復の道を歩んでいる当事者の言葉がいちばん心に響く。

1995年に私が開始し方法論も模索してきた女性ACのグループカウンセリングでも同じことを感じる。

3人の女性たちの母との関係を描いたが、お読みになって何を感じられただろう。グループでは判断の基準や序列が逆転する。こんなひどい経験は誰からも忌避されるだろう、こんな話を聞いてくれるひとがいるのだろうか。そう思って抱え込んできたひとが語る言葉こそ、その場にいるグループの仲間にとってはどんな書物よりも、どんな学説よりも、自分に希望を与えてくれるのだ。こんな悲惨な体験が、悲惨だからこそグループの仲間にとっての希望になるとすれば、自分がここまで生きてきたことが少しだけ他者の助けになるのかもしれない。そのように一瞬でも思えることが、グループの意味ではないか。

不幸な母のユートピア

3人の母たちの姿はそれぞれ異なっているが、共通していることは娘にとって高齢化する母は、減衰する体力と反比例して権力化するということだ。どういうことだろう。弱者の権力とそれは似ている。病者・新生児は、放っておけば死んでしまう。死なせないためにはこちらからケアを与えなければならない。選択の余地なくケアを必要とする人には、ケアを与えられることが当然なのである。それは生存権であり人権でもある。しかし、あえて弱者になることで、ケアを引き出す人たちもいる。それは見ようによっては脅迫の一種だ。

娘が母から逃れようとするたび目の前でパニックになる母、娘が初めて母に自分の意見を述べたとたん、心臓のあたりを押さえてうずくまる母……これらはACのグループでは「あるある」の姿だ。そうやって「自分が悪いのか」「母を苦しめるなんて」という罪悪感を抱かせることで母たちは娘を罰するのだ。

A子さんの母は、包丁を取り出して「殺す」と言った。わかりやすい脅迫だが、自分が死ぬかもしれないことを示すのも同じく脅迫なのだ。つまり高齢者になった母は、老い先短い、もう人生終わりだ、何という人生だったのかと嘆くことで娘のケアを引き出すのだ。はるかに若くまだ未来がある娘への羨望もあるだろう。

こうして自分の不幸の責任を娘が背負うように仕向ける。幼いころから、自らの不幸を語って聞かせることで「自分しか母を幸せにできない」「幸せでないのは自分のせい」「自分が母の不幸の源泉だ」といった根源的な自責感を娘に抱かせてきた。毎日寝物語のように繰り返すことで、物心つく前から、娘たちは自分がこの世に生まれたから母が不幸になったという感覚を身に着けていく。だからこそ、自分がこの世に存在してもいいと思えるために、全存在を賭けて娘たちは母をケアするのである。A子さんはそこから脱出した。可視化された虐待、脅迫ではなく、罪悪感や自責感を植え付け自分をケアすること（自分の期待通りになること）だけが存在肯定につながるようにする母たちの行為は、洗脳そのものである。包丁で脅さなくても、不幸な顔を見せ、ため息をつくだけで娘は全力で母をケアし、母の期待どおりに動く。これは母にとってのユートピアだろう。この理想郷が維持されるためには条件がある。母はずっと不幸でいなければならないのだ。

老いることで娘を引き寄せる

高齢化・老いるとは、人生100年時代と称揚されようが、やはり日々喪失の連続である。目は見えなくなり、歯はぐらつき、足はおぼつかなくなる。そのことにどうやって慣れるか、どうやって鈍くなるのかが老いる者にとっての勝負だろう。記憶力が衰えるのは、喪失を感じなくするためである。勝ち負けではないが、だいたい高齢化と言い換えた時点で、老いへの直面を避けているのだ。

A子さんの母も、B子さんの母も、世界を狭い家族だけに限定することで、外界から遮断された秩序の中で生きることができる。それに家族は自分と同じだけ歳を取っていくので、立場の逆転はないのだ。会社には定年があり、社会には世代交代がある。しかし家族という限定された世界には、それがない。母はいつまでたっても母なのだ。おまけに、歳を取ることで体力の弱体化が起き、そのぶんだけ娘のケアを引き出すことができ、歳を取り老い先短いという「不幸」によって娘に罪悪感を抱かせることもできる。

つまり、高齢の母は、いったん自分から離れようとした娘を、転んだり道に迷ったりすることで、再びかつてのユートピアに引きずり込むことができるのだ。

何を装備すればいいのか

娘たちはどのように高齢の母に備えればいいのか。もしくはその只中《ただなか》にある娘たちに必要な武器（装備）は何か。私はしばしば母娘問題において政治闘争・国家の戦争で使われる言葉を活用する。なぜなら、母娘関係は「気持ち」「感情」「思いやり」といったやわな世界ではないからだ。きわめて冷徹な力関係が展開しているという認識が私の基本になっている。

A子さんが語っていたように「反応しない」という態度が大切だ。たとえば、北朝鮮がミサイルを発射したとき、「そんなことはやめなさい」と反応するのは、相手の望むところだ。相手にしてくれることを望んでいるからだ。母からのぐさりとえぐるような言葉に対して反応すれば、娘が自分が提示した土俵に乗っかってくれたことになる。多くのケンカはこうして起きる。そのためには、怒りや憤りの感情を表さないほうがいい。でもそれは簡単ではない。A子さんは震える手を押さえて冷静に応答したが、やはりその負担は大きかった。施設入所した母との面会のあと、3日間寝込んでしまう娘は多い。コロナ禍は会わないことが正当化されたので、あの4年間は極めて落ち着けたという女性は多かったはずだ。

境界を死守しよう

他者との境界（バウンダリー）を明確にし、守ることがメンタルヘルスにおいて推奨される時代になった。それは侵入しない／されないの双方を意味する。母はそもそも娘との関係にバウンダリーがあるとは思っていない。もちろん、娘を大切に思いできるだけ侵入しないようにする親のほうが多いと思う（そう信じたい）。

しかし一般的に母の愛はバウンダリーを超えると考えている人は多い。ここでは一般論ではなく、3人の女性たちのように、母を背負い、母という謎に巻き込まれ、母を支えることが自分の意味と考えてきたひとたちを念頭に置いている。バウンダリーとは、自分が守るものは何かが見えていることを同時に意味する。それはわがままでもなく自己中でもない。守りたいものがあることが重要だ。娘が守るべきは母だ、という転倒した意識を美しいものとしたい人がたくさんいる。その多くが、実は男性（中高年の）であることはポイントだ。彼らはケアとは自分の外にあると考えている。そして、ケアされるのは自分であり、無理なら外注すればいいと思っているふしがある。

高齢の母との関係において、娘は自分の生活（母から離れて形成した家族・パートナーシップ、もしくは一人暮らしの空間）を守ることを優先順位のトップに置く必要がある。それはわがままでもなく、自分勝手でもなく、母への感謝が足りないわけでもない。老いて朽ちていくひとたちは、次の世代が満ち足りて生きることを望むべきだからだ。歯を食いしばって介護をすることが賞賛された時代は終わった。介護保険や様々な制度を最大限利用して、自分の守りたいものを犠牲にしない。それこそが母との境界を守ることになる。

「自分はさておき」「いつも自分のことばかりで」という言葉を使わない。世の中にはそんなわがままな人ばかり増えたら社会はどうなる？という愚問を投げかけるひとがいる。あなたたちがそんなに社会のことを考えているなら、もっと別のことをされるべきではないか、と私は思う。私たちが守りたいもの（その多くはほんとうにささやかなものだ）を最優先すること。それは老いた母より上位にくるべきだ。

境界の向こうから感謝する母がいる。「いそがしいのにありがとう」

境界のこちらから手を差し伸べて「おかあさん、また来るね」という娘がいる。

そんな光景を思い描きながら、本章を閉じたい。

あとがき

本書は、「一冊の本」での1年半にわたる連載に、終章を加筆したものである。いささか射程を広げ過ぎた感もあるが、約10年にわたる母娘問題の広がりを歴史的に位置づけることができたのではないかと思っている。また高齢者の激増に伴い、母娘関係は3世代を射程に入れなければならないほど複雑化してきたので、そのような現実にも対応できるように意図した。

先行する文献も実践も乏しい中で、連載中は日々のカウンセリング経験だけを手がかりに、必死に書いた記憶だけが鮮明に残っている。読者のみなさまに、そんな私の必死さが伝わるだろうか。

本書が、母娘問題に関する一つのメルクマール（指標）になれば幸いだ。

連載開始から本書刊行まで、一貫して伴走していただいた朝日新聞出版の矢坂美紀子さんにはこころよりのお礼を申し上げたい。また朝日カルチャーセンターの講座参加者のみなさま、原宿カウンセリングセンターのACのグループカウンセリング参加者のみなさま、本当にありがとうございました。

台風一過の朝焼けを眺めながら　2017年9月

信田さよ子

文庫版あとがき

２０１７年に出版された『母・娘・祖母が共存するために』が、２０２４年に新しいタイトルとともに皆様に届けられることになった。このことを何よりうれしく思っている。

それまで、どこにも存在しなかった「母娘問題」というジャンルが新たに誕生したのも、２００８年に『母が重くてたまらない　墓守娘の嘆き』を上梓して以来のことである。当時のことを振り返ると、何より想定外ともいえる反響と反応の大きさに驚かされたことが思い出される。カウンセラーとして、母との関係に苦しむ女性たちが多いことを長年知っていた私にとって、それほど目新しいことを書いたつもりはなかったからだ。

新しい言葉が誕生し、新しいジャンルができると、自らの問題に名前を付けることが可能になる。多くの女性たちが、自分だけの問題で誰にも話せないと感じていた苦しみに名前がつくこと、それがカウンセリングの対象であることを知る。そのようにしてカウンセリングに訪れた多くの女性たちとお会いすることがなければ、母娘問題の構造や背景をここまで考えることはなかっただろう。

2011年に起きた東日本大震災は、母娘問題にも大きな影響を与えた。首都圏も含めたあのときの混乱と混迷は、たった一つの確実なものである家族＝親子愛の強調へとつながったからだ。国の危機を救うものとしての親子愛とは、母の愛の強調にほかならない。はっきりとした言葉で強制されたわけではないが、日本の上空に漂う空気圧のように、「母の愛」に苦しむ女性たちを限界まで追い込んだのである。

そこから生まれたのが、「毒母」「毒親」という比喩とともに語られる娘たちの体験談であった。SNS上では、母からの被害体験が文章で、時にはマンガによって噴出し、溢れたのである。

時には過激で、だからこそわかりやすい毒母攻撃や毒親の描写には一定の意味があった。それは間違いない。私も応援してきたという自覚はある。しかし同時に湧きあがる危惧を抑えることはできなかった。どんどん広がる「毒親」現象を目の当たりにし、毒母の事例を挙げるメディアに触れるたびにそれは強まり、私はその言葉を使用しないことに決めた。

メディアの取材を受けると、私は「毒母の専門家」という肩書を付けられていた。それを訂正してもらうために苦労をした。

「なぜ毒母・毒親という言葉を使わないのか？」と問われたら、「この本を読んでください」と答えるために本書を書いたような気がする。原稿を書きながら、シンプルで単純明快に「だって、毒じゃないですか」と表現できたらどんなに楽だろうと考えたこともある。でも私にはそれはできなかった。

なぜなら、私も母であり、娘であるからだ。母娘問題は、じつに複雑で入り組んでおり、苦しみと悲しみ、怒りと罪悪感がまるで毛糸玉のように絡まり合っている。単純化させない、敵味方に分けない、母個人の問題に帰さない、といった私の目論見はおそらくわかりにくいものだったろう。SNS上で飛び交うようなわかりやすい言葉と方法論はどこにも見当たらないはずだ。わかりにくさに意味を見出すような人はそれほど多くない。だから本書は爆発的に売れたわけではなかった。

2020年から3年間、日本を席巻したかにみえるコロナ禍も下火になったように、「毒母」「毒親」現象も10年を過ぎてインパクトを失いつつあるようにみえる。その時期に本書が新しいタイトルとともに文庫化されることになった。そこに一種の符合を感じるのは私だけだろうか。

カウンセラーである私の基本的姿勢は、問題を個人化することを極力避けようとする点にある。母という存在を、病理や愛着といった言葉ではなく、核家族・団塊世代・近代家族といった視点からとらえること。何よりひとりの女性が結婚・出産を経て何を失い、何を獲得するのかというまなざしであの母たちをとらえたいと思っている。

本書はそのような私の思索と洞察、さらには好奇心を集約した一冊である。カウンセラーとして出会った多くの女性たちの言葉から学んだことがそれらを支えている。『母は不幸しか語らない』という新しいタイトルの理由は、単行本に新しく書き加えた新章の中にはっきりと書いてある。ぜひとも読んでいただきたい。

文庫化に際して、水上文さんに解説を書いていただいた。

いつも文章を書きながら「この内容を理解してくれる人がどれくらいいるのだろう」と思う。不安の中で、それでも書く意味があるのだと自分に言い聞かせながらキーボードを叩く。そんな私にとって、水上さんの解説文は、ずっとずっと若い人にもちゃんと伝わっていることを示してくれるものだった。何よりありがたくうれしい。

文庫化に際しては、単行本と同じく朝日新聞出版の編集者である矢坂美紀子さんに最初から最後までお世話になった。

そして、母との関係に苦しむ多くの女性たちにも感謝の意を伝えたい。あなたたちの言葉から私は多くのものをいただいているからだ。

ありがとうございます。

生命危機が叫ばれるほどの猛暑日の夜明けに　2024年7月30日

信田さよ子

解説
容易《たやす》く解毒させないために

水上　文

私たちは親と共存することができるのだろうか？

親の加害性を告発する言説の洪水を見ると、時に私はそんな風に問いかけたくなってしまうことがある。

告発の言葉は増えた。もう、親からの加害を子どもの立場から告発しその長く続く悪影響を表現する「毒親」という言葉だけではない。ただ格差ばかりが拡大していく現代では、平等なレースなんてどこにもないことを誰もが知っている。そして「親ガチャ」という言葉も広まった。どんな親のもとに生まれるかは選ぶことができないという偶然性を強調し、親とガチャを並列にする言葉——それは社会的格差や不遇を出生における個人的な「不運」として捉える見方を示すと同時に、「親の愛」をめぐる神話の決定的崩壊をも語るかのようだった。

さらに２０１０年代後半には、オンラインを中心に反出生主義なる思想も広まっていった。デイヴィッド・ベネターという哲学者によるこの思想は、「生まれてくるべきではなかった」「人間を新たに生み出すべきではない」という強烈な誕生／出生の否定として、特にオンライン上で類い稀な訴求力を持った。もちろん毒親も親ガチャも、「親の愛」という神話を切り崩す言葉ではある。ただ反出生主義は、切り崩すだけではない。それは「親」という存在そのものに対する、哲学的かつ絶対的な否定だったのだ。

本書の単行本が刊行された2017年から現在までは、子どもの立場から親の加害性を告発する言葉が増殖し、広まっていった期間だったように、私には思える。

毒親、親ガチャ、反出生主義――こうした言葉によって彩られた時代に、それらの言葉が生み出された背景にある問題をしかと見据えるには、どうしたらいいだろう？　センセーショナルな言葉や思想として単に消費されるのではない道筋を探るには、何をどう考えたらいいのだろうか。

「毒」親を捉え直す

そして本書こそ、この困難な時代に読むべき最良の手引書なのである。

カウンセラーとして長年働く著者は、「毒親」という言葉が登場するよりはるかに前から、親子関係に起因する苦しみを抱えた様々な人々に相対していた。本書はそんな著者が、カウンセラーとしての経験に基づきながら、問題を社会的・歴史的背景のもとに文脈付けて考察したものなのだ。

とりわけ議論の中心になるのは、これまで「父と息子」が重視される一方で軽視されてきた「母と娘」の問題である。「母の愛」という、最も不可侵の神話として存在してきたものの支配性と加害性を暴き出すこと——本書はそんな課題に取り組まざるを得ない人々に寄り添いながら、同時に、問題を「母娘」の個人的なものに終わらせず、その背景にある時代や社会、ジェンダー、近代家族といった問題に鋭く切り込んでいくのだ。

著者は懸念していた。毒親や毒母をはじめとする言葉の広がりが、一過性の流行として消費され尽くして終わることになりはしないかと。散々消費し尽くされた末に行きつく先には、「やっぱり母は大切だ、といったドミナントな言説への回収」（p24）があるのではないか、と。ただでさえ、母性愛神話に包まれた母の愛は家族関係の中心的な機能を今も担わされ続けているのだ。ならばようやく手にした告発の言葉が、再び奪われることもあり得るのではないか。

あるいは、毒という言葉は様々な問題——母娘関係にまつわる歴史、近代家族、ジェンダー、世代間の確執、母と息子といった膨大な問題系——を一気に単純化してしまうのではないか。たとえば母性神話は、母の役割の巨大さは、決して普遍のものではない。

それは近代家族の形成と絡まり合い、ジェンダーをめぐる社会的な構築物である。にもかかわらずこうした複雑さが捨象されるとしたら、それこそ真の「猛毒」ではないか。だから著者は、容易く解毒させないために、母娘関係を歴史的に文脈付けるのだ。

母娘をめぐる言説の歴史／団塊の世代

では、母娘をめぐる言説の歴史とはどんなものだろう？

著者は1970年代からの臨床経験に基づいて、日本における母娘をめぐる言説の歴史を四つに分けて説明している。まず日本のフェミニズム運動（ウーマン・リブ）の影響によって母娘関係に光が当たった1972年以降を第一期。AC（アダルト・チルドレン）という言葉が社会的な注目を浴びるに至った1996年以降を第二期、さらに著者による『母が重くてたまらない　墓守娘の嘆き』や斎藤環《たまき》による『母は娘の人生を支配する』などの母娘本が立て続けに刊行された2008年以降を第三期。そして東日本大震災後「絆」の強調を経て、当事者本（体験記）の大量刊行と毒母・毒親ブームが起きた2012年以降を第四期とする区分である。

こうして「母娘」に光が当たった時期を特定する必要があるのは、そもそも、母娘は常に注目されていたわけではなかったからだ。

むしろ精神分析の祖であるフロイトの理論（エディプスコンプレックス）に代表されるように、男性中心主義的な社会において光を当てられるのは決まって男性であり、要するに父息子の関係であった。そこでは女性／母娘の関係は、ほとんど語られていなかった。そんなフロイト理論を批判した人々が、1960年代後半に勃発した第二波フェミニズム運動のフェミニストだった。彼女たちはフロイト理論を批判し、母と娘の関係を語り直そうと試みていたのだ。

そして同じころ、日本で第二波フェミニズムの展開に関心を持っていたのは、団塊世代の女性達だった。だが、先の区分で言う第三期を牽引した人々とは、世代としてはこの団塊世代の女性達の娘にあたる人々なのである。自らも団塊世代と言える著者は、カウンセラーとして被害者の立場に身を置くことを心掛けているからこそ、混乱したのだという。同世代として、被害者より身近に感じる母親らが、まさに今日の前の被害者によって告発されている加害者だということ。その経験によって、著者は「団塊世代」を世代的当事者として解剖する必要に迫られたのだ。

団塊世代を考察することで明らかになるのは、まさに戦後日本社会の問題である。

革命の理想が潰《つい》え、かつて抱いた理想とは真逆の道を歩み、感情言語を失った企業戦士として馬車馬のように働き、妻子とのコミュニケーションを疎《おろそ》かにしていた団塊世代の男性達。あるいはそんな夫の傍らで、戦後民主主義がもたらした建前としてのジェンダー平等とロマンティック・ラブ・イデオロギーの理想が無残に裏切られていくのを目の当たりにし、失望感に苛《さいな》まれていった団塊世代の女性達。彼女たちは夢破れた代わりと言わんばかりに、子どもに全てを注ぎ込む。そしてそんな母親から過剰な期待をかけられ、過度な支配に苦しむ子どもたち。こうして問題は母子に焦点化され、父は後景に退いていく――それは、戦後日本社会のジェンダー構造が生んだ歪《ゆが》みそのものなのだった。

共存に向けて

要するに本書が読者に授けるものとは、言葉と知識である。苦しみを表現する言葉を、そしてあまりにも個人的だった問題をより俯瞰《ふかん》的に見るための知識を、本書は授ける。苦しみをカジュアルな言葉で消費せず、また個人的な「不運」にも帰着させないために必要な議論を、本書は行っているのだ。たとえば世代やジェンダーを歴史や社会に接続していく本書は、物事をこれまでとは異なった仕方で捉えることを可能にするだろう。あるいは、母娘問題の陰に隠される夫

／父の役割の重要性を強調し、母息子問題の深刻さにも触れる本書は、これまで自分が考えていた問題の根を、本当の在処《ありか》を探り出すことにもつながるかもしれない。いずれにせよ、グループカウンセリングの豊富な知見や具体例、具体的なアドバイスに満ちた本書は、今まさに苦しんでいる人に寄り添い、ヒントを与えるものに違いない。

なお、仮に読者が団塊世代とその子ども世代のどちらでもなかったとしても、依然として本書で行われた歴史的文脈に関する議論も重要である。なぜなら歴史とは現在に確かに繋がっているのだから。現に本書では、高齢化社会である現代にあって祖母、母、娘という世代をまたがって存在する問題がますます増加していると指摘されている。世代間の問題は、私たちが生きる現在と歴史の切り離せない連続性を実証している。

なお、それは個人的にも納得のいくことである。なにしろ私はかつて、曽祖母、祖母、母、私と、女四代でひとつの家に暮らしていた（付け加えれば、祖母はまさに団塊世代である）。母娘関係が幾重にも入り組んだ中で幼少期を過ごした「娘」である私にとって、本書は他では見ることのできなかった道標を様々に示してくれた。あなたはひとりじゃない。そう思うことで踏み出せる道に、本書は読者を確かに誘《いざな》うものである。

（みずかみ　あや／文筆家）

母《はは》は不幸《ふこう》しか語《かた》らない
母《はは》・娘《むすめ》・祖母《そぼ》の共存《きょうぞん》

朝日文庫

2024年10月30日　第1刷発行

著　者　信田《のぶた》さよ子《こ》

発行者　宇都宮健太朗
発行所　朝日新聞出版
〒104-8011　東京都中央区築地5-3-2
電話　03-5541-8832（編集）
03-5540-7793（販売）

印刷製本　大日本印刷株式会社

ISBN978-4-02-262103-0

朝日文庫

鈴峯紅也
警視庁監察官Q
人並みの感情を失った代わりに、超記憶能力を得た監察官・小田垣観月。アイスクイーンと呼ばれる彼女が警察内部に巣食う悪を裁く新シリーズ！

小説トリッパー編集部編
20の短編小説
人気作家二〇人が「二〇」をテーマに短編を競作。現代小説の最前線にいる作家たちのエッセンスが一冊で味わえる、最強のアンソロジー。

堂場瞬一
ピーク
一七年前、新米記者の永尾は野球賭博のスクープ記事を書くが、その後はパッとしない日々を送る。そんな時、永久追放された選手と再会し……。

貫井徳郎
乱反射
《日本推理作家協会賞受賞作》
幼い命の死。報われぬ悲しみ。決して法では裁けない「殺人」に、残された家族は沈黙するしかないのか？　社会派エンターテインメントの傑作。

西加奈子
ふくわらい
《河合隼雄物語賞受賞作》
不器用にしか生きられない編集者の鳴木戸定は、自分を包み込む愛すべき世界に気づいていく。第一回河合隼雄物語賞受賞作。《解説・上橋菜穂子》

梨木香歩
f植物園の巣穴
歯痛に悩む植物園の園丁は、ある日巣穴に落ちて……。動植物や地理を豊かに描き、埋もれた記憶を掘り起こす著者会心の異界譚。《解説・松永美穂》

中山　七里
闘う君の唄を
新任幼稚園教諭の喜多嶋凜は自らの理想を貫き、周囲から認められていくのだが……。どんでん返しの帝王が贈る驚愕のミステリ。《解説・大矢博子》

葉室　麟
柚子《ゆず》の花咲く
少年時代の恩師が殺された事実を知った筒井恭平は、真相を突き止めるため命懸けで敵藩に潜入する――。感動の長編時代小説。《解説・江上　剛》

畠中　恵
明治・妖《あやかし》モダン
巡査の滝と原田は一瞬で成長する少女や妖出現の噂など不思議な事件に奔走する。ドキドキ時々ヒヤリの痛快妖怪ファンタジー。《解説・杉江松恋》

細谷正充・編／宇江佐真理／北原亞以子／杉本苑子／半村良／平岩弓枝／山本一力／山本周五郎・著
情に泣く
朝日文庫時代小説アンソロジー　人情・市井編
失踪した若君を探すため物乞いに堕ちた老藩士、家族に虐げられ娼家で金を毟られる旗本の四男坊など、名手による珠玉の物語。《解説・細谷正充》

村田　沙耶香
しろいろの街の、その骨の体温の
《三島由紀夫賞受賞作》
クラスでは目立たない存在の、小学四年と中学二年の結佳を通して、女の子が少女へと変化する時間を丹念に描く、静かな衝撃作。《解説・西加奈子》

湊　かなえ
物語のおわり
悩みを抱えた者たちが北海道へひとり旅をする。道中に手渡されたのは結末の書かれていない小説だった。本当の結末とは――。《解説・藤村忠寿》

朝日文庫

池谷　裕二
脳はなにげに不公平
パテカトルの万脳薬

人気の脳研究者が〝もっとも気合を入れて書き続けている〟週刊朝日の連載が待望の文庫化。読めば誰かに話したくなる！《対談・寄藤文平》

内田　洋子
イタリア発イタリア着

留学先ナポリ、通信社の仕事を始めたミラノ、船上の暮らしまで、町と街、今と昔を行き来して綴る。静謐で端正な紀行随筆集。《解説・宮田珠己》

上野　千鶴子
おひとりさまの最期

在宅ひとり死は可能か。取材を始めて二〇年、著者が医療・看護・介護の現場を当事者目線で歩き続けた成果を大公開。《解説・山中　修》

加谷　珪一
お金は「歴史」で儲けなさい

日米英の金融・経済一三〇年のデータをひも解き、波高くなる世界経済で生き残るためのヒントをわかりやすく解説した画期的な一冊。

川上　未映子
おめかしの引力

「おめかし」をめぐる失敗や憧れにまつわる魅力満載のエッセイ集。単行本時より一〇〇ページ増量！《特別インタビュー・江南亜美子》

ディーン・R・クーンツ著／大出　健訳
ベストセラー小説の書き方

どんな本が売れるのか？　世界に知られる超ベストセラー作家が、さまざまな例をひきながら、成功の秘密を明かす好読み物。

ドナルド・キーン著／金関　寿夫訳
このひとすじにつながりて
私の日本研究の道

京での生活に雅を感じ、三島由紀夫ら文豪と交流した若き日の記憶。米軍通訳士官から日本研究者に至るまでの自叙伝決定版。《解説・キーン誠己》

佐野　洋子
役にたたない日々

料理、麻雀、韓流ドラマ。老い、病、余命告知——。淡々かつ豪快な日々を綴った超痛快エッセイ。人生を巡る名言づくし！《解説・酒井順子》

深代　惇郎
深代惇郎の天声人語

七〇年代に朝日新聞一面のコラム「天声人語」を担当、読む者を魅了しながら急逝した名記者の天声人語ベスト版が新装で復活。《解説・辰濃和男》

本多　勝一
〈新版〉日本語の作文技術

世代を超えて売れ続けている作文技術の金字塔が、三三年ぶりに文字を大きくした〈新版〉に。わかりやすい日本語を書くために必携の書。

群　ようこ
ゆるい生活

ある日突然めまいに襲われ、訪れた漢方薬局。お菓子禁止、体を冷やさない、趣味は一日ひとつなど、約六年にわたる漢方生活を綴った実録エッセイ。

山里　亮太
天才はあきらめた

「自分は天才じゃない」。そう悟った日から地獄のような努力がはじまった。どんな負の感情もガソリンにする、芸人の魂の記録。《解説・若林正恭》